JN411782

그냥 못 넘겼어요

그냥 못 넘겼어요

김상혁의 2월

ㄴㄴ> <ㄷㄴ

—

차례

작가의 말

2월을 조금만 사랑해주세요

교생 실습 나가서 저는 칠판을 안 쓰고 수업했습니다. 한 달 넘게 글자 한번을 안 쓰고 국어책만 읽다 떠난 실습생이라니, 수업 들으며 다들 얼마나 황당했을까요. 칠판에 적힌 못난 글씨를 보고 학생들이 절 자격 없는 사람이라고 생각할까봐서 그랬습니다. 첫날, 처음 뵙겠습니다, 김상혁입니다, 하고 백묵 들었는데 이름 세 글자를 못 쓰겠더라고요. 아무것도 아닌 사람이라 아무것도 못 하겠더라고요. 실습 마치는 날 동료 교생들 하나같이 제자가 준 작별선물 받아왔는데 저는 빈손으로 교무실로 돌아와 도망치듯 학교를 나갔습니다. 얼마나 부끄러웠는지 모릅니다. 더 똑똑해서 더 멋진 사람이, 얼마나 되고 싶었는지 모릅니다.

독자분들이 서문을 읽게 될 2월, 저는 영구 수료로 박사 과정을 마쳤을 겁니다. 대학원에 처음 발을 들인 게 이십 년 전인데 석사학위만 두 개 받고 끝인 거지요. 얼마 전 학교 측으로부터 경고 비슷한 알림 메일을 받고 나니 오히려 마음은 편합니다. 논문이 늦어 박사학위는 물 건너갔음, 정도로 요약할 수 있는 내용이었어요. 후회는 없노라고 담담하게 말할 수 있다면 멋질 텐데. 그래도 시간을 돌린다면 대학원은 안 갈 것 같습니다.

저는 2월과 8월을 좋아합니다. 8월은 여름이라는 환상적인 계절의 복판이라서, 2월은 아내와 결혼한 달이어서요. 지난 두 달 동안 2월만 쥐고 살았더니 이제는 2월이 진짜 나구나 싶습니다. 다른 달보다 며칠 적으니까 '시의적절' 2월을 만만하게 봤던 거, 억센 장군 같은 1월이랑 힘센 아기장수 3월 사이 버려진 꼭두처럼 여겼던 거 맞습니다. 금방 쓰고 치우려 했습니다. 그런데 글이 더 안 끝나고 글을 더 못 놓았어요. 부족한 날들만큼 글자들로 통통하게 채워 주고 싶었거든요. 이십 년을 대충 덮고 수료한 내 인생 같아서 그냥 못 넘겼어요.

글 열심히 쓰다가도 아, 오늘은 더 못 쓰겠다 싶을 때는 제 옛날 글도 뒤져봤지요. 엄살 아니고 정말 감사합니다. 엉성한 글도 많았는데 몇몇 분이 읽어주고 좋아해주셨어요. 신기한 건 글이 엉망이던 시기는 인생도 같이 엉망일 때더라고요. 글이 못났을 땐 삶도 못났던 것인데 제가 자주 눈앞, 코앞만 보고 살았더라고요. 구절 하나 쉼표 하나 고치느라 정작 글은 안 살핀 티가 나서 괴로웠습니다. '시의적절'은 되도록 넓고 크게 보며 썼습니다. 멀리서 흐름을 지켜보듯 그렇게…… 예전 그 칠판에 못 썼던 글씨들, 어설퍼도 지금은 쓸 수 있어 다행이네 하면서요.

하다보면, 나쁜 것도 용서하고 못된 것도 사랑하게 된다는 게 문제지요. 그래서 그런 맘 들라치면 사람이든 글이든 얼른 눈앞에, 코앞에 바짝 붙여 노려봤습니다. 그러다보니 글이 사람을 좋아했다가 싫어했다가 합니다. 그게 저예요. 그게 제가 아는 2월입니다.

부디 이 글을 읽어주세요. 그리고 여기에 적힌 2월을 조금만 사랑해주세요.

2월 1일 — 에세이

평생 수고했으나 사랑받지 못하는 당신에게

—1981년 2월의 사진

뒤에 실린 저 사진이 엄마에 관한 첫 기억을 만들었을 것이다. 어릴 적엔 같은 장면의 꿈도 자주 꾸었다. 함박눈 쏟아지는 겨울, 엄마 등에 업힌 채 두 살의 나는 생각한다. 찬바람도 폭설도 두렵지 않아, 이토록 따뜻한걸? 게다가 몇 걸음만 더 걸으면 겨울은 끝날 테니까. 그리고 꿈의 마지막 장면은 항상 그랬다. 나를 업은 엄마가 우리집 파란 대문 안으로 들어서면 눈이 그치고 하늘이 갰다. 엄마 등에서 나는 다시 잠에 빠진다.

먼 과거의 아름다운 기억을 끌어와 현재의 척박한 감정에 생기를 불어넣는 능력자도 세상엔 있을 것이다. 타인과의 추억을 잘 저장해두었다가 그걸 사랑이 부족할 때마다 꺼내어 쓰는 것으로 관계를 유지하는 능력. 그때 우리 참 행복했지? 같은 말로 나와 당신 사이 끊어진 다리를 차츰 복구할 수 있어도 좋을 텐데. 하지만 최소한 십 년 전부터 절벽 건너편에 고립되어 존재해온 엄마는 인생에서 가장 불행한 시기를 보내는 중이다. 그는 평일 아침이면 혼자 조용히 출근하고 저녁이면 가만히 현관을 열고 자기 방으로 들어간다. 주말 식사 때가 되면 나는 아무 말 없이 엄마 방문을 노크한다. 그러면 그는 밥이 준비되었다는 뜻으로 알아듣고 문을 열고 나와 식탁에 앉는다. 물론 식사중 우리는 가끔 하하호호 웃는다. 나는 종종 아이의 학교생활과 교우관계 등에 관해, 아내를 쳐다보는 것도 아니고 그렇다고 엄마를 향해 말을 거는 것도 아니게, 내 몸의 방향을 능숙하게 설정하고 이야기를 이어간다. 아내가 말을 시작할 때도 있고, 매우 드물게는 엄마가 먼저 회사 얘기를 꺼내기도 하지만 어떤 대화도 길게 가는 경우는 없다.

평생 나를 보고 살아온 엄마는 출퇴근길 버스와 지하철에 홀로 앉아, 혹은 어두운 방의 볼륨을 높인 티브이 앞에서 어떤 감정으로 시간을 죽이고 있을까? 구구절절 엄마의 어떤 면이 나를 밀어냈는지 말하고 싶지는 않다. 다만 1981년 2월 누군가 찍어준 사진 속 엄마를 미워한 적은 없다. 동시에, 엄마의 등에 평온히 업혀 있던 어린 내가 현재의 이곳으로 건너올 수 없다는 사실도 분명하다.

나이가 들면 나도 나의 방에 갇히게 될까? 나의 아들도 내가 방문 닫고 들어가는 기척을 듣고서야 마루로 나와 물을 마시거나 외출할까? 그런 상상을 하면 무섭다기보단 우습다. 그리되더라도 사진첩을 넘기면서 인과응보라며 웃어넘길 수 있을 것 같다.

1981년 2월 엄마와 나

2월 2일 — 에세이

고슴도치 산책

—2월 고슴도치의 날

캐나다에서 만난 제임스라는 10학년 동급생이 특별히 기억나는 건 고슴도치 산책 때문이다. 학교 근처 공원에는 넓은 숲이 조성되어 있었다. 삼십 분 정도는 걸을 수 있었던 숲길을 따라 제임스는 거의 매일 고슴도치를 산책시켰다. 몸에 주황색 운동화 끈을 감은 그 고슴도치는 참 열심히도 걸었다. 나는 공원에 놀러갔다가 우연히 그들의 산책을 보았고 다음날 제임스에게 그 얘길 꺼냈다. 그는 깜짝 놀라는 동시에 부끄럽다는 표정을 지으며, 고슴도치에 대하여 이런저런 자랑을 늘어놓기 시작했다. 흔한 햄스터를 키우던 나는 할말이 없었다.

나는 고슴도치 산책에 함께 나섰다. 제임스의 주장에 따르면, 고슴도치도 사람 말을 알아듣는다고 했다. 앉아, 물 마셔, 정도까지는 아니지만, 오라면 오고 가라면 간다는 것이다. 믿기 어려웠지만 그의 산책에 동행한 처지이기에 나는 입을 다물었다. 사실 뭐라고 길게 반박할 수 있을 만큼 내 영어가 좋지도 않았다. 어쨌든 고슴도치의 전진은 놀라웠다. 게다가 정말 그의 주장대로, 스톱! 하는 목소리에 맞추어 조금씩 서는 것 같기도 했다. 고! 하면 다시 가는 것 같았다. 내가 보기에도 고슴도치가 제임스를 많이 따르는 듯했다. 저렇게 강아지 같은 고슴도치라니…… 그러다 일이 터졌다. 고슴도치에 묶어둔 운동화 끈이 풀린 것이다. 하지만 제임스는 당황하지 않았다. 맞다. 고슴도치는 그리 빠른 동물이 아니다. 문제는 그 고슴도치가 문득 방향을 틀어 촘촘한 펜스 너머 숲길 바깥으로 나가버렸다는 것이다. 컴백! 컴백! 제임스가 아무리 불러봐도 고슴도치는 높은 펜스 너머로 열심히 기어가고 있었다.

그날 사건으로 우리의 얄팍한 우정도 끝이었다. 그는 나와 동행했기 때문에 고슴도치를 잃었다고 여기는 듯했다.

제임스의 기억 속에 나는 불운을 퍼뜨리는 동양인이었을 것이다. 내 기억 속 제임스는 멍청이로 남아 있다. 제목에 '고슴도치 산책'이라고 적었지만 애초 고슴도치 입장에서 그것은 전혀 산책이 아니었다. 고슴도치는 언제나, 최선을 다하여 도망치는 중이었을 것이다. 스톱! 하면 그저 놀라서 서고, 고! 하면 놀라서 다시 전진했을 것이다.

제임스와 고슴도치, 그리고 그들에게 관심을 보이며 미소 짓는 산책자들이 한데 어우러진 장면은, 당시 나에게 얼마간 황홀한 감정을 불러일으켰다. 게다가 막 캐나다로 건너간 동양 아이가 백인 동급생 그리고 그의 고슴도치와 함께 공원 산책을 나서는 건 흔한 경험이 아니다. 나는 그와 숲길을 걸으면서 벌써 캐나다라는 낯선 땅에 완전히 적응한 것 같은 기분을 느꼈다. 캐나다를 누리는 진짜 캐나다인이 된 느낌이랄까. 고슴도치가 도망간 이후 며칠 동안 나는 그 고슴도치를 내가 발견할지도 모른다는 기대 속에 제임스 몰래 공원 숲길을 꾸준히 헤매고 다녔다. 제임스한텐 미안하지만 이모네 햄스터나 돌보던 나에게 그건 보물찾기나 다름없었다. 내게는 고슴도치를 살 돈도, 고슴도치 상점에

들어가 영어로 말을 붙일 용기도 없었다.

도망치는 고슴도치의 궁둥이를 쳐다보며 울먹이던 제임스가 행복하게 살고 있으리라 확신한다. 지금 돌이켜봐도 나쁜 애는 아니었던 것 같다.

2월 3일 — 시

사당역

드론 영상을 보고 있노라면 죽어서 굽어보는 풍경이 저렇겠구나 싶다. 나 교회 다니던 시절 드론이 흔했더라면 사후 세계를 그리는 데 도움이 됐을 것이다. 그땐 날 키워준 할아버지와 할머니 영혼, 그리고 기억은 없지만 사진 속 어린 내가 귀여워하던 강아지의 영혼을 떠올려보곤 했다. 생전의 형상대로는 아니다. 관습에 따라 그들은 떠다니는 희미한 원형이었으며, 확대한 얼굴 이미지나 사진첩의 한 장면이 중앙에 맺혀 있었다.

기술이 고도화하면 드론은 점차 작아지므로 인간의 눈동자 크기 정도는 문제가 아닐 테고, 우리의 허공은 얼핏 눈동자처럼 보이는 기계들로 어지러울 것이다. 그 눈동자는 아침마다 늦지 않게 나를 깨우고 약 먹을 시각을 알려주며 응급상황을 주변에 전파한다. 나보다 나를 잘 아는 눈동자에 먼저 간 가족의 이름을 붙이는 자도 있을 것이다. 잘 있니 뭉치야, 여보, 할아버지, 우리 엄마 영숙씨, 죽도록 보고 싶다, 내 아가…… 사당역까지 최소 환승 경로 알려줘. 억지로 비극을 희극으로 뒤집으려는 게 아니다. 사당역으로 향하는 길, 실제 눈동자 아래의 인간은 슬픔에서 잠깐 벗어나기 때문이다.

2월 4일 — 편지

앉아 있는 봄을 생각함

입춘이라서 봄에 대해 써야 한다니요. 하지만 이런 기회가 아니면 또 못 쓸 것이 봄입니다. 나는 핑계로 살아가는 사람이지요. 어쩌면 아이도 사랑을 핑계로 낳았을 겁니다. 이제는 제가 아이를 핑계삼아 어릴 적 꿈꾸던 선한 사람을 해보는 중이고요.

입춘이니 편지를 씁니다. 그렇지만 내가 곧 누릴 봄, 눈앞에 잘 서 있는 봄 말고 빈 컵을 쥐고 나 오기만 기다리는 봄에게, 기다리다가 자리 툭툭 털고 떠나버린 봄도 말고 늦겨울의 벤치에 앉아 십 년 이십 년을 버티는 봄에게 편지를 남깁니다.

봄은 가진 것이 많았지요. 높은 집을 가진 봄, 넓은 차를 타는 봄, 비행기로 바다를 횡단하는 봄. 젊음과 돈이란 마술 같아요.

자신을 아무것도 아닌 사람으로 소개하는 겸손한 이들이 있지요. 그렇지만 정말로 아무것도 아니었던 시절 나는 이름을 말할 엄두도 내지 못했답니다. 그러니 처음부터 봄이 나를 기다린 건 아니었어요. 카페와 공원은 봄을 기다리는 사람으로 넘쳤고, 나는 언제나 늦되었으므로 길게 늘어선 줄 끄트머리에서 티나게 머리나 내밀며 기웃거릴 뿐이죠. 봄의 높은 집, 봄의 넓은 차, 봄의 비행기와 바다는 언제나 봄을 담기엔 좁아 보였고요.

그렇지만 어쩌겠어요, 봄이란…… 봄을 준비하는 꽃눈의 숫자만큼 허다한데요.

집을 저당잡힌 봄, 차를 팔아버린 봄, 해변에 앉아 날아가는 먼 비행기를 바라보는 봄. 돈이 모자란 젊음은 제 젊음을 견뎌야 해요. 그러므로 다 떠나버린 줄에 아직 남아 있던 내게 기회가 온 것이죠. 나는 힘이 없고 갈 곳이 없을 뿐인데, 아, 내가 설 만한 줄은 어디지, 고민하며 망설이는 중이었는데요.

근처 벤치에 봄과 함께 앉았지요. 떨림과 흥분은 없었고요. 손잡았고 입맞추었고 얼마 전까지 기웃대느라 흔들리던 내 머리, 봄의 어깨에 기대어보았지요. 벤치에서 바라보는 노을은 슬프고 아름다워라, 그렇지만 발과 엉덩이가 시리구나. 여기서 해볼 수 있는 사랑은 다 해봤구나. 나는 길게 이어지는 줄을 찾아야 해요.

봄이 같이 일어나려고 하길래 나는 거짓말을 하고 말았습니다. 여기서 비행기도 보고, 옛날 집과 차와 바다도 떠올리면서 기다리고 있어.

봄이 따라 일어섰다가 고개를 끄덕이며 다시 주저앉습니다.

궁금해도 돌아갈 수는 없지요. 나는 줄만 서다가 길 잃었거든요. 내가 서고 봄이 앉았을 때, 봄과 나는 서로 다른 우주를 할당받았거든요. 나의 우주에도 봄의 벤치가 있지요. 하지만 거기에 앉아 있는 봄은 없어요. 봄이 자리를 떠난 적은 없지만요.

입춘이라니. 봄이 서는 날, 시작하는 날이라니요. 내가 아는 봄은 단 하나, 앉아 있는 봄이랍니다.

2월 5일 — 에세이

새 팬티 건네기에 실패한 신

—1987년 2월의 화장실

어릴 적에 내가 얼마나 종교에 신실했느냐 하면 “믿음이 겨자씨 한 알만큼만 있어도 이 산을 명하여 여기서 저기로 옮겨지라 하면 옮겨질 것”이라는 성경 말씀을 이루겠다고 아침저녁으로 백련산을 노려보곤 했다. 하지만 일 년 넘게 꿈쩍 않는 산 앞에서 내가 탓한 건 신이 아니라 나 자신이었다. 실제 겨자씨란 게 내 짐작보다 훨씬 큰 것이어서, 혹은 의심 많은 내가 가진 믿음의 최대치가 겨자씨 크기도 못 되어서 산은 움직이지 않았으리라. 그러므로 인적이 드문 상가 화장실에 쭈그려 앉은 채 이미 팬티는 앞뒤로 다 망쳤고 휴지도 없는 상황에서도 나는 염려하지 않았다. 그저 기도하면 될 일이었다. 산 옮기기에 겨자씨만큼의 믿음이 필요하다면 새 팬티나 휴지를 구하는 일에 주님이 요구하실 믿음의 분량은 말도 못 하게 적을 게 분명했다.

화장실 변기 칸에서 얌전하게 시작한 기도는 점차 격렬해졌다. 당시의 심정을 정확히 복기하긴 어렵지만 어쩌다 보니 울며불며 기도를 이어가게 되었는데, 그렇다고 기적을 유예하는 신에 대한 원망으로 기도가 뜨거워진 건 아니었다. 오히려 이내 이루어질 사소한 기적에 미리 감사했기에, 이토록 비천한 장소에도 임하실 주님의 관심과 사랑에 감동했기에 눈물이 났던 것 같다. 울음소리가 화장실을 넘어 상가 복도를 울리는 줄도 모를 만큼 기도에 집중했다.

그러던 중 변기 칸 문이 밖에서 벌컥 열렸다. 모자 아래 귀밑머리가 희끗희끗한 경비원 아저씨가 짜증스럽고 귀찮다는 눈빛으로 서 있었다. 쪼그려앉았던 나는 척수반사처럼 순식간에 몸을 튕겨세운 후 힘껏 문을 잡아당겼다. 그리고 안쪽에서 다시 걸쇠를 걸고 발소리가 멀어지도록 몇 분을 더 기다렸다. 나는 팬티를 조심조심 접어 그나마 깨끗한 쪽으로 대충 엉덩이를 닦고 더러워진 팬티를 휴지통에 버렸다. 기도도 눈물도 나오지 않았다. 어쩐지 마음이 평온해진 내가 경비 아저씨와 마주치지 않으려 빠른 걸음으로 상가를 빠져나가며 이야기는 끝난다.

그 일 탓에 마음속 신앙의 불길이 다 꺼진 건 아니었어도 신이 없을 가능성을 종종 떠올려보긴 했었다. 고등학교 졸업 전까지 교회도 꾸준히 나갔으니 겉보기에 나는 여전히 신실했을 것이다. 다만 응암초등학교 1학년 봄방학식 직후 상가 화장실로 뛰어들어 울며 기도했으나 새 팬티를 받지 못했던 그때부터 백련산 옮기기는 내 관심 밖으로 밀려났을 뿐이다.

2월 6일 — 플레이리스트

한 곡이라도 겹쳤으면 해

책에 플레이리스트를 쓰는 것은 길거리에 주차된 남의 슈퍼카 옆에서 셀카를 찍은 다음 '#(해시태그)_요즘_근황'을 붙여 SNS에 올리는 일처럼 천박하다(고 생각한다). 근황 앞에 그냥 덧붙는 요즘 같은 단어처럼, 혼자 듣고 즐기면 그만일 노래 제목들을 굳이 나열하고 그렇게 편집된 취향을 전시하는 글이란 생각 없고 어색하다(고 생각한다). 여기까지 읽은 분들은 스스로 욕한 플레이리스트를 적어내려가기 위해 내가 어떤 문학적 변명으로 반전을 꾀할지가 궁금할 것이다. 하지만 변명이나 반전은 없다. 해보고 싶은 멍청한 짓을 할 뿐이다.

이런 상상도 해봤다. 헤드폰의 이어컵 외부—보통 제조사의 브랜드가 큼직하게 적혀 있다—를 액정으로 만들어서 사용자가 듣는 플레이리스트를 실시간으로 노출하면 어떨까? 왼쪽 이어컵에 앨범 이미지가 뜨고 오른쪽 이어컵에 현재 재생곡을 띄워주면 걸어다닐 때 쿨하지 않을까? 당연히 남이 보기엔 쿨하지 않고 구질구질하다. 그렇지만 서로가 서로를 구질구질하다고 욕하면서도 우리는 자기 이어컵에 커버 이미지와 노래 제목을 띄우고 다닐 것이다.

나의 플레이리스트 가운데 일부를 공개한다. 별 가치도 없는 리스트를 공개씩이나 하려는 데에 다른 이유는 없다. 나와 독자의 노래가 한 곡쯤 겹쳤으면 하는 심정이다. 또 상상해본다.

"김상혁 시인님, 책 잘 읽었습니다. 플레이리스트가 저랑 겹치세요."

"그 노래 좋아하는 분 별로 못 봤는데, 안목 있으세요."

(하고 독자를 높이는 듯 보이나 실은 자기 취향에 감탄중)

(#시의적절 #낭독회 #플레이리스트 #안목_있는_독자님)

#1 빛과 소금 〈샴푸의 요정〉

초등학교 시절 가장 자주 듣고 부른 노래는 가수 여운의 〈홀로된 사랑〉이었다. 빙빙빙 맴돌다 떠난 님, 잊혀질 넌 그 빗속으로. 한번 머릿속에 이 후렴구가 떠오르면 몇 번은 더 불러야 겨우 감정이 사그라들곤 했다. 처음 듣고 가장 놀란 노래는 빛과 소금의 〈샴푸의 요정〉이었는데, 묘하게도 〈홀로된 사랑〉처럼 자주 듣고 싶은 곡은 아니었다. 그래서 더 기억에 남는다. 여태 알던 가요들과 비교해 가사도 음색도 전적으로 새롭던 〈샴푸의 요정〉은 어째서 한 달에 한 두 번 듣는 것으로 충분했을까? 〈홀로된 사랑〉을 포함해 김범룡의 〈바람 바람 바람〉이나 높은음자리의 〈바다에 누워〉는 백 번도 더 들을 수 있었는데 말이다.

그런데 웃기게도 방금 말한 곡들 가운데 삼십 년 지나서도 찾는 노래는 〈샴푸의 요정〉뿐이다. 요즘도 듣고 있으면 그때 이런 노래가 어찌 나왔지 싶다.

#2 앨라니스 모리셋 3집 'Jagged Little Pill'

한국에서 중학교 졸업 후 캐나다 처음 가서는 통 영어를 못 알아들었으니, 티브이로 볼 만한 건 뮤직비디오 나오는 MTV와 슬랩스틱에 가까운 애니메이션 〈The Simpsons〉였다. 1991년 MTV에 등장해 파마머리 길게 늘어뜨린 채 오우, 오우, 오웃 노! 울부짖던 앨라니스 모리셋의 광기어린 보컬은 나를 완전히 사로잡았었다. (나중에 알았지만 저 '오우 오웃 노' 어쩌구는 앨범 타이틀 〈You Oughta Know〉의 가사 중 "You, you, you oughta know"였다.) 나 데리고 살아주던 이모와 이모부가 일 나가고 없을 때면 나는 티브이 앞에 앉아 앨라니스 모리셋만 기다렸다. '다시 보기'가 불가능했던 시대, MTV가 보여주면 보던 식이었기에 간절함은 더했다. 시민권도 영주권도 없던 내가 가수의 국적이 캐나다란 사실에 더욱 홀렸던 이유는 여전히 알 수 없다. 하여튼 캐나다 컨트리 가수 샤니아 트웨인을 놔두고 동일 장르에서 세계적 인지도를 가지고 있던 가스 브룩스의 노래를 듣는 건 어쩐지 배신처럼 느껴졌다.

#3 쿨리오 2집 'Gangsta's Paradise'

캐나다에서 한국으로 돌아오는 바람에 고등학교 일 년을 건너뛰고 2학년으로 편입한 뒤 자아의 혼란—이라고 썼으나 『수학Ⅱ』 교과서 처음 펼쳐보고 공부 포기함 정도의 의미인—을 겪던 나에게 쿨리오는 위안이자 허세였다. 니들은 DJ DOC 들어라 해외파인 나는 쿨리오 들을 테니 같은 심정으로 노래에 더 빠졌던 것 같다. 그러다가 친구랑 노래방 가면 김정민만 불렀다.

#4 라디오헤드 〈No Surprises〉

곡이 처음 발표된 20세기 말에는 시큰둥했다가 어느덧 21세기 나이 오십을 목전에 둔 요즘에서야 이 노래에 빠졌다. 출퇴근 곡으로 밑에 소개할 곡과 함께 매일 한 번은 꼭 듣는다. 들을 때마다 내 의료보험이라도 줘서 치석 긁어주고 싶은 메인보컬 톰 요크의 (얼굴 클로즈업으로 유명한) 뮤직비디오가 떠올라서 아주 괴롭다. 아이러니한 건 그의 누렇고 볼품없는 배열의 치아를 떠올릴 때면 끊었던 연초 생각이 간절해진다는 거.

#5 미츠키 〈My Love Mine All Mine〉

이 가수가 발음하는 'could'는 엄청나게 매혹적이다. 가사 중 "Moon, tell me if I could"만 반복해서 듣고 싶을 정도니까 말 다 했지. 드라마 속 영국인처럼, r 발음을 하다 마는 것도 마음에 든다. 아주 여유롭게 느린 노래 〈My Love Mine All Mine〉은 가사도 고요하고 아름답다. 내가 좋아하는 후렴구 "Nothing in the world belongs to me. But my love, mine, all mine"은 '세상 무엇도 내 것은 없지만, 나의 사랑은 나의 것, 전부 나의 것' 정도로 직역이 가능할 것 같다. 이때 저 'love'는 맥락상 누군가를 사랑하는 나의 '마음'이다. 그래, 이 세상에 온전한 내 것은 없어, 물건은 낡아가고 사람은 떠나기 마련이지, 하지만 누군가를, 무언가를 사랑하는 내 마음만은 내 것이야, 마음은 내가 마음대로 할 수 있는 유일한 나의 것이야. 이렇게 속삭이는 노래를 안 사랑하고 어찌 배기나. 맞다. 세상 무너져도 마음만은 내 것이다.

2월 7일 — 단상

목소리

*

시가 목소리라는 건 어떤 뜻일까? 문장을 읽을 때 글쓴이의 음성이 떠오른다는 의미일까? 은밀하고 사적인 글에서 느껴지는, 낮게 속삭이는 듯한 분위기일까? 입말에 가까운 문장들이 만들어내는 환영일까? 어쩌면 작가의 목소리를 들어봤기에 가능한 즐거운 착각일지도.

시가 목소리라면 그것은 떨리거나 망설일 것이다. 내용 없이도 목소리는 가닿을 수 있다. 시가 목소리라면 뜻 없는 떨림과 망설임은 가치 있다.

*

물활론자는 세상 모든 것에서 목소리를 찾는다. 생명 없는 대상에서 영혼과 감정을 구하는 물활론의 세계는 낭만적인 동시에 윤리적이다. 그건 나무가 목소리를 낸다는 믿음일 수도 있지만 말 없는 나무의 사연을 듣고야 말겠다는 태도이자 결심이기도 하다.

모든 장소에서 울리는 시끄러운 소리를 감당하고 사랑하려는 사람이 있다. 그는 카페에서, 식당에서, 옆집에서 우는 소리를 듣는다. 나와 당신은 화가 난다. 화가 나서 툭하면 감상에 빠지는 그 버릇을 고쳐주고 싶다. 하지만 세계의 시끄러움을 견디리라 마음먹은 사람을, 이해할 것 없이 그냥 사랑하는 방법도 있다. 아주 나중에 당신이 그가 되어보는 방법도 있다.

*

분만실에서 아이의 첫울음을 들었을 때 저 작은 생명이 나를 대체해도 좋다고 느꼈다. 내용 없는 저 울음에게 내 생명을 내어주고 싶다.

이제는 네가 이 세계에서 살아가렴. 하지만 인간은 자족을 모르지, 인간은 언제나 돈이 필요해, 자신을 미워하게 하는 비참한 삶도 있고. 너를 이유 없이 미워하고 공격하는 사람도 있을 텐데, 그때 너의 곁에 내가 없을지도 몰라 마음이 아프다. 네가 멀리서 나를 불러도 내가 돌아볼 수 있으면 좋겠다.

*

목소리를 듣고 돌아본 자는 돌로 변한다. 전래동화는 돌아보았다가 돌이 된 자의 표정을 항상 일그러진 것으로 표현한다. 그들은 하나같이 속고 말았다는 표정으로 서 있는 것이다. 여보, 살려줘. 아빠, 나 죽어요.

하지만, 당신은 돌아보지 않을 수 없다. 당신은 돌이 되지 않을 수 없다. 물론 돌아보면 허공의 목소리뿐, 살려달라는 연인도 죽어가는 어린 자식도 없다.

그래서, 당신은 안심할 수 있다. 설령 돌이 되더라도 당신은 확인하지 않을 수 없다. 당신은 목소리가 부르면 돌아보는 사람이다. 돌아본 당신은 확인한다. 없구나, 거기 없구나, 내가 사랑하는 사람은 무탈하다. 나는 속기로 했고 속아서 좋다. 당신은 돌이 되기를 선택했다. 당신은 안심하는 표정의 돌이 된다.

2월 8일 — 에세이

찢어진 가죽처럼 생겨도 사랑하기

—1995년 2월의 마지막 아버지

1995년 2월 마지막으로 아버지를 봤다. 기억하기로는 중학교 졸업 전까지 총 대여섯 번쯤 만났었는데, 바로 그가 미국에 산다던 내 아버지라는 사실을 어머니로부터 확인받고 나서는 딱 두 번을 더 만났다. (아버지가 아버지로 밝혀진 후의 첫 만남에 관한 글은 '서초동 사는 잉그리드 버그만'이라는 제목으로 썼다.) 삼 년 만에 본 아버지는 세월만큼 지치고 늙어 있었다. '세월만큼 지쳤다'는 말이 이상하게 들릴 테지만 이보다 더 정확한 표현을 모르겠다. 그는 언제나 지난번 만났을 때보다 더 지쳐 있었기에, 결과적으로 다섯번째 만남에서 내가 본 건 첫번째, 두번째, 세번째, 네번째보다 더 지친 모습의 아버지였다.

추운 날씨임에도 얇고 헐렁한 징장을 걸친 채 어머니와 내 앞에 서 있는 그를 바라보며 그날 나는 근본적일 수 있는 질문 하나를 떠올렸다. 어째서 우리는 주기적으로 만나는가? 만나는 장소가 실내인 적도 없었다. 집 근처로 아버지가 찾아오면 어머니와 나는 동네 길거리에 서서 그와 인사하고 작별했다. 매번 아버지는 얼굴을 찌푸리며 주머니에 손을 넣은 채였고, 어머니는 끊임없이 어색하게 웃었으며, 나는…… 나는 제식 절차를 지키듯 아버지로부터 용돈을 챙겼다. 그렇게 총 대여섯 번 용돈을 받았던 십 년의 세월 동안 내가 그를 실제로 만난 시간의 총합은 삼십 분을 넘지 않는다. 대체 이 짓거리를 왜 하는지? 집으로 돌아가는 길 내가 받은 금액을 확인하고는 주려면 더 주지, 무슨 애비노릇을 하다 마느냐며 농담하는 어머니에게 그렇게 따지지는 못했다.

아버지가 나를 전혀 좋아하지 않았음을 이제는 안다. 부모가 이혼했을 때 나는 어머니 뱃속에 있었고 아버지는 곧 재혼했으므로, 내가 그를 만난 시간인 삼십 분은 그가 나를 만나본 평생의 시간이기도 했다. 생전에 할머니는 나의 외모에 대해 '질긴 가죽을 송곳으로 두 번 찔러 그걸 눈구멍이라고 달고 다니는 얼굴'이라 말하곤 했는데 중학교 땐 몸까지 삐쩍 말라 더욱 볼품이 없었다. 아버지는 그런 나의 궁색한 모습에 대한 살찐 거울상이었다. 아버지의 외형적 단점들을 극단적으로 부각한 그림을 그린다면 딱 당시의 나였을 것이다. 그럼에도 못생겨서 내가 사랑받지 못했다는 결론으로 말을 마치려는 건 아니다. 오히려 우리가 충분히 긴 시간을 가족으로 살았더라면 아버지는 찢어진 가죽처럼 생긴 나라도 사랑했을 것이다. 나쁜 것은 그가 아니라 부족했던 시간임을 안다.

요즘 우리집 아들은 어렸던 자기를 질투한다. 자신은 두 세 살 때가 가장 깜찍했으므로 엄마 아빠가 지금의 나보다 그때의 나를 더 예뻐하는 것 같다고 한다. 사진 속 두세 살이 미치게 귀여운 건 맞다. 문제는 같이 찍힌 내가 너무나도 지쳐 보인다는 것이다. 하지만 최근 사진으로 올수록 나의 얼굴은 흘러간 세월만큼 활짝 편다. 나는 세월만큼 생기 있다. 아이가 가장 못난 얼굴을 지어내는 순간에도 나에게 그는 세월만큼 사랑스럽다.

2월 9일 — 에세이

서초동 사는 잉그리드 버그만

거의 한 세기 전 미국에서 개봉한 이 영화를 본 건 열두 살 때였다. 〈주말의 명화〉 시작을 알리는 오프닝 곡이 토요일 늦은 밤 티브이에서 흐를 때면 내 심장은 터져나갈 듯이 뛰었고, 그토록 흥분했다는 사실을 가족이 아는 건 어쩐지 싫었기 때문에 나는 할아버지의 방 한구석에 조용히 앉아 어서 광고가 끝나기를 기다리곤 했다. 관객은 할아버지와 어머니, 나까지 셋이었다. 할머니는 담배 냄새가 밴 할아버지의 방을 좀처럼 출입하지 않았다. 우리가 좁고 컴컴한—조명을 켜고 〈주말의 명화〉를 시청했던 적은 단 한 번도 없다—곳으로 우르르 몰려들어가 귀신같이 허연 얼굴로 브라운관 앞에 붙들려 있는 동안, 할머니는 널찍한 마루 한

가운데 홀로 앉아서 고무 다라이에 담긴 마늘 따위를 손질하거나 일이 없으면 아예 안방으로 들어가 성경책을 펼쳤다.

영화는 고작 장면 몇 개가 떠오를 뿐이다. 하지만 〈누구를 위하여 종은 울리나〉가 방영되던 날의 집 안팎 풍경과 사정만은 또렷하다. 그날은 번동으로 이사한 후 처음 맞는 토요일 밤이었다. 서초동 아는 이모 집에서의 더부살이, 망우동 주택 전세와 고덕동 연탄보일러 아파트 전세를 거쳐 우리 가족이 번동 주공아파트를 분양받게 된 그해 가을은, 너무 어렸기에 세입자의 고통을 실감한 적 없는 나에게도 지나간 여느 가을과는 달리 유독 청명하기만 했다. 십오층짜리 아파트에서 운 좋게 팔층이 걸렸다며 기뻐하는 가족들에게 '로열층'이라는 말을 처음 배운 가을, 6학년으로 전학 오자마자 옆자리 친구로부터 분양아파트와 임대아파트의 차이를 무슨 큰 비밀이라도 되는 양 몰래 배워서 알게 된 가을이었다.

2학기부터 새 학교에 다니게 된 어린 나의 마음도 방금 이사를 마친 집안 꼴도 어수선하긴 마찬가지였다. 할아버지가 작은 방에 당신 티브이를 놓았고, 안방으로는 할머니 침대가 들어갔다. 어머니와 내 자리는 마루였다. 할머니와 할아버지는 이사 때마다 각자 방을 하나씩 차지했다. 할머니에겐 어쩔 수 없는 이유가 있었다. 할아버지가 결혼하고 얼마 되지도 않아 기녀를 데려와 신혼집 문턱을 넘더라는, 어느 날 만취한 할아버지에게 죽도록 맞아 쓰러진 자기를 똥구멍으로 몰래 숨쉬면서 죽은 척하는 간교한 여편네라고 더 패더라는 말을, 할머니는 늙은 남편으로 심기가 뒤틀릴 때마다 한풀이하듯 악을 쓰며 퍼부었다. 처참한 사연에 귀 기울이는 중에도 내 방을 갖고 싶은 욕심에 두 분이 어서 화해하기를 바라긴 했지만 차마 그런 생각을 입 밖으로 꺼낸 적은 없었다. 십 년 후 방이 세 개 딸린 바로 옆 아파트로 이사하기 전까지 나는 마루에서 어머니와 생활하였다.

당시 어머니는 성경을 성우 목소리로 녹음한 카세트테이프 세트를 파는 영업사원이었다. 성음사라는 회사로 기억하는데 하여튼 어머니 덕분에 가까운 친척과 동네 집사님 권사님 모두는 읽는 성경에서 듣는 성경으로의 진보를 상당히 먼저 경험하고 있었다. 나 역시 마흔이 넘은 지금까지도 예레미야- 하고 유독 으스스한 목소리로 성경을 읽어가던 여자 성우의 목소리를 잊지 못한다. 새집에서의 첫 영화 관람을 위해 나는 학교에서 돌아오자마자 낮잠을 잤다. 늦게 퇴근한 어머니와 비몽사몽인 나까지 밥상에 둘러앉아 네 식구가 식사를 마치고 나니 어느덧 〈주말의 명화〉가 시작할 무렵이었다. 그리고 그날 영화가 다 끝나기도 전에 나는 외국 배우의 이름 둘을 정확히 외우게 된다. 게리 쿠퍼와 잉그리드 버그만. 이유는 몰라도 처음부터 발음이 입에 착착 붙었다. 묘하게 친숙한 이름이기도 했는데 어쩌면 기억할 수 없는 다른 영화를 통해 벌써 몇 번 들었는지도 모를 일이었다. 이름만 기억나는 게리 쿠퍼와 달리 〈누구를 위하여 종은 울리나〉에서 쇼트커트 금발로 등장한 잉그리드 버그만의 모습은 지금껏 생생하다. 드라마 시리즈 〈베벌리힐스 아이들〉 섀넌 도허티(브랜다!)를 보기 전까지 나는 미인이라면 누구나 금발이어야 한다고 생각했다.

누가 묻지도 않았는데 영화 얘기만 하라면 어릴 적 어느 여자 배우가 인생 여신인지를 밝히는 남자 작가의 글처럼 읽기 싫은 건 세상에 없을 것이다. 내가 말하려는 것은 잉그리드 버그만이 얼마나 황홀한 여성이었는지, 그래서 그가 막 사춘기에 접어든 남자애의 성적인 욕망을 얼마나 자극했는지가 아니다. 게다가 나는 어떤 대상을 전적으로 좋아하고 그 대상에 의하여 꾸준히 자극받는 일에 관해선 완전한 패배자나 다름없다. 한때 그토록 애지중지하던 늑대 머리가 음각된 티타늄 지포 라이터와 캐나다에서 직접 구해온 타로 카드는 지금 어디 있는지도 모른다. 그나마 아끼던 물건이 이십 년 전 대학교 입학하고 구매한 '스노우피크'라는 상호의 휴대용 스테인리스 위스키 보틀이었는데 몇 년 전 짐 속에서 우연히 발견된 그것은 곧 중고매매를 통하여 다른 주인 손에 넘어갔다. 영화 〈의천도룡기〉의 구숙정을 직접 만나 로맨스를 이루겠다는 망상으로 홍콩 가는 방도를 알아보다가, 가난한 중학생에게는 그런 여행이 얼토당토않다는 사실을 깨닫고는 이틀 밤 이불 뒤집어쓰고 울었던 것치고 그는 고작 일주일 만에 머릿속에서 밀려났다.

섀넌 도허티나 구숙정 때와 비교하면 호르몬을 훨씬 덜 뒤집어쓴 나이여서 그랬는지 〈누구를 위하여 종은 울리나〉의 잉그리드 버그만에 대한 감정은 사랑도 욕정도 아니었다. 나는 그가 되고 싶었다. 그가 되어 게리 쿠퍼와 연애하겠다는 마음은 없었고, 나는 그저 버그만이 되어, 그의 얼굴과 피부와 그의 키로 뭇사람의 시선을 독차지하며 거리를 걷고 싶어 미칠 지경이었다. 그해 내내 나는 잉그리드 버그만이 되는 상상을 하다가 잠들어야 했다. 스페인 내전에서 게리 쿠퍼와 키스를 하는 버그만은 거기 없었다. 밤마다 나는 그의 외모를 가진, 진짜 버그만은 아닌 그가 되어 서초동 아파트 팔층에 살았으며 종종 명동 거리로 나가 핫도그를 사먹었다. 나는 상당한 부자에 한국어도 유창했다. 나는 번동 사는 어머니와 할머니, 할아버지에게 몰래 금전적인 도움을 주며 그들을 멀리서 보살핀다. 물론 거기 아이는 없다. 김상혁이란 아이는 사고로 이미 몇 년 전에 죽었다.

그때 나는 나와 주변 모든 것을 혐오했다. 할머니는 자식을 끔찍이 아꼈지만 혈육 말고는 누가 어떻게 되든 상관하지 않는 사람이었다. 그러면서도 교회 목사 말이라면 무조건 믿고 사랑했는데 내가 보기에 그 대머리는 세상 모든 병을 낫게 할 수 있다고 큰소리치는 허풍쟁이 사기꾼이었다. 할머니는 자신이 선택하지도 않은 결혼생활이란 가시밭길

위에서 너무나도 기나긴 시간 고통받았다. 그는 인생 후반부의 하루하루를 견디듯 살아가면서도 매년 다가오는 죽음을 극도로 두려워했다. 어쨌든 할머니의 가장 큰 불행은 이혼이라는 선택지가 그의 관념 속에 존재한 적 없다는 사실일 것이다. 내가 태어났을 무렵 할아버지는 이미 얌전해진 후였다. 그에 관한 흉악한 이야기는 할머니와 어머니에게 전해 들은 게 전부다. 다만 개고기나 사슴 피 같은 음식에 특히 사족을 못 쓰는 그를 볼 때마다 왠지 나는 가족이 고발하는 할아버지의 옛날이 거짓이 아니라고 느꼈다. 〈누구를 위하여 종은 울리나〉를 함께 보던 시절에는 어머니와의 사이가 지금처럼 꼬여 있지 않았다. 하지만 당시에도 그는 자기 기분에 따라 아들이 먼저 요구한 적 없는 무언가를 해주겠다는 약속을 수시로 했고, 그 약속이 깨져 내가 속상해하면 그런 작은 약속도 지키지 못할 만큼 여유 없는 자신의 처지를 한탄했다. 대개는 자기가 언제 그런 약속을 했냐며 웃어넘겼다. 내가 그랬니? 이 말투는 어머니의 습관이었다. 왜 자꾸 거짓말을 하냐며 어린 내가 따진 적도 있다. 어머니는 화를 냈다. 어째서 그게 거짓말이야? 어? 해주고 싶어도 못 해준 건데? 물론 그가 나를 위했던 일은 수없이 많다. 어머니는 어느 날 문득 나에게 좋은 점심을 사주겠다며 꽤 귀한 손목시계를 전당포에 맡기기도 했다. 하지만 만일 그 시계를 일주일 후에 팔자고 그가 약속한다면 일이 이루어질 확률은 턱없이 줄어들게 된다.

잉그리드 버그만이 되는 상상은 실제로 상당한 위로가 됐다. 소위 소싯적 좀 날렸던 어머니에 비해 내 외모는 무척 볼품없었고, 어머니도 내가 아버지를 닮았다는 걸 자주 드러내며 안타까워했다. 특히 코와 눈이 닮았다는 말을 많이 들었는데 향후 아버지를 처음 만나 알게 된 건 그나마 그가 나보다는 더 잘났다는 사실이었다. 뭐랄까, 항시 어머니에게 듣던 대로 '사람 새끼 같지 않은 놈' 느낌은 아니어서 더 괜찮아 보였을 수도 있다. 아버지와의 첫 만남에서 가장 최악이었던 부분은 어머니가 갑자기 내 등을 떠밀었다는 것이다. 네 친아버진데 왜 그래, 빨리 가봐! 감정적인 부자 상봉 비슷한 걸 기대하기엔 어머니가 내 앞에서 아버지를 죽도록 헐뜯은 시간이 너무 길었던 건 아닌지? 떠밀려갔던 나는 짧은 인사를 마치고 다시 떠밀리듯 어머니 옆으로 돌아왔다. 놀랄 만큼 아무런 감정도 없었다. 그의 표정도 나처럼 생각 없고, 피곤해 보였다.

정확히 기억한다. 아버지를 처음 만난 그날은 〈누구를 위하여 종은 울리나〉를 보고 얼마 지나지 않은 늦가을이었다. 아버지로부터 어머니는 약간의 생활비를, 나는 몇 푼 용돈을 받아 집으로 돌아왔었다. 할아버지도 방금 만남에 관해 알고 있었는지 어머니가 현관에 들어서자 당신 방에 모로 누운 채로 얼른 말을 붙였다. 무엇을 물었는지는 듣지 못했거나 기억이 나지 않는다. 그렇지만 어머니가 열린 방문 안쪽에다 대고 낮고 빠르게 속삭인 말은 생각난다. 자기 아버지인데, 피가 서로 당기지 않겠어요? 어머니는 할아버지를 향해 말하면서 동시에 나에게 말하고 있었다. 그런데 어머니가 나를 의식해 잠시 내 쪽으로 눈을 흘기던 그 순간, 가족 친지 모두가 칭송하는 어머니가 최소한 나에겐 전혀 아름답지 않다는 사실을 문득 깨달았다. 내 생각에 어머니는…… 남자 같은 인상—매우 부적절한 표현이지만—이었다. 아름다운 건 며칠 전 봤던 잉그리드 버그만이다. 나는 꼭 그처럼 아름다운 모습이 되고 싶었다.

아마도 나는 착한 아이였다. 안 그래도 순한데 겁이 많아서 더 순했다. 작은삼촌 둘이 모여, 우리 누나가 전직 대통령 아들과도 혼담이 오갔다느니, 매일 집 앞으로 찾아와 누나 못 만나면 차라리 죽겠다는 치가 한둘이 아니었다느니, 입에 침이 마르게 이야기할 때마다, 또 그걸 들으며 이제 그만 좀 하라는 듯한 표정으로 좋아할 거 다 좋아하는 어머니를 지켜볼 때마다, 나 같은 해태 눈깔은 말고, 진짜 아름다운 이를 알아보는 눈은 따로 있나보네 생각했다. 〈누구를 위하여 종은 울리나〉를 본 다음에는 그렇지 않았다. 내가 아는 멋진 사람은 번동에 안 산다. 얼굴과 코끝이 동그랗고 눈썹이 엄청나게 짙은 편이다. 그리고 거짓말도 하지 않고 빗자루는 청소하는 데만 쓴다. 교회는 안 다니지만 타인을 타인으로서 사랑하고 존중한다. 사슴의 피도 개고기도 싫어하고. 쓰러진 사람한테 똥구멍으로 숨쉰다는 말은 절대 안 할 사람이다. 그리고, 그리고 언제나 조용히 말한다.

우울하고 부정적인 생각으로 가득했던 유년 가운데 할아버지의 방은 특별했다. 심지어 그곳은, 집에 속해 있으면서도 집과는 달리, 내가 거의 유일하게 행복을 느끼는 공간이었다. 할아버지가 등산 가고 방이 비는 날이면 더 그랬다. 홀로 방을 차지한 채, 엄청나게 두꺼운 요 위에 누워 발을 까딱까딱 흔들며 티브이 채널을 이리저리 돌려보는 기분이 일품이었다. 방 안쪽에서 문지방 너머의 할머니를 바라보는 일도 좋았다. 심지어 그 방에 함께 모여 영화를 보는 동안만은 할아버지와 어머니에게 깊은 애정마저 느꼈던 것 같다. 영화에 빠져 있을 때 가족은 나를 보지 않았다. 나를 쳐다보지 않는 그들의 옆모습이 나에게 엄청난 안도감을 주곤 했다. 여기에 굳이 심리적 해명을 더하고 싶진 않다. 다만 어머니와 할아버지가 영화에서 눈 떼지 못하는 순간에 이르러야 비로소 나 또한 현실에서 잠시 벗어날 수 있었다는 사실만은 분명하다. 가족의 시선과 관심이 좀처럼 닿지 않았던, 그 어두컴컴한 방구석은 간헐적으로나마 내가 독차지한 공간이었다. 그 선물 같은 어둠 속에서, 잉그리드 버그만은 화면에서 걸어나와 내 머릿속을 거쳐 서초동에 정착하게 된다.

2월 10일 — 시

취재 인터뷰

할머니는 인터뷰가 싫었을 거야
직접 쓰고 싶을 거야 대접하고
싶을 것이고 매년 키가 줄어서
젊은 인터뷰어와 시선 맞추기는
험한 산을 타는 심정일 거야
질문은 집요하게 이어지고 마구
끼어드는 남편 말에 시시때때로
그만두고 싶었을 거야 인터뷰를
겨우 마치면 할머니는 몇 년 더
늙어버린 기분일 거야 시집와서
맞기도 하셨는지 할머니의 거부와

인고가 더 큰 화를 불러왔을 때
한을 품진 않으셨는지 할머니는
자기도 모르게 가슴팍을 치고는
민망했을 거야 촬영기사가 척!
엄지를 치켰거든 동행한 작가가
티 나게 고개를 끄덕였거든 저들이
나를 어르고 있네 알았을 거고 그게
용서가 되세요? 돌이켜 답을 하자니
구차했을 거야 흐지부지한 동침과
감정의 기승전결 엮기 곤란했을 거야
다들 해낸 표정일 거야 할머니 빼고
인터뷰 좋았을 거야 당신 이야기
같지 않았을 거야 시간 돌려봐도
알고 돌려봐도 다를 리 없을 거야

2월 11일 — 메모

기차 들어와요, 아저씨, 죽어요

—1999년 2월의 메모

아래 괄호는 이 글 쓰면서 추가한 것

수원역, 한쪽 귀에 이어폰 꽂고 머리 흔들고 있음

(자세히 안 보면 흔드는지 모름

대학 합격으로 들떠 있던 시기)

느리고 슬픈 노래 나옴, 생각에 빠짐,

안전선 넘어 레일 쪽으로 슬금슬금 가까워짐

(실제로 진지한 생각하는 게 아니라

진지해 보이고 싶을 때 있음

십대 이십대 시절 야외 나가면

텅 빈 눈빛으로 하늘이나 땅 쳐다보며
괜히 쓸쓸해 보이고 싶은 순간 있었음)

선로 끄트머리에 서 있었고
열차 들어오는 소리 못 들음
레일 위에 놓인 돌멩이 쳐다보겠다고
(실제로 보는 건 아님)
머리 내밀고 있는 상황 선로에
머리 내밀고 있는데 열차 들어오는 상황

안내방송 나옴
멀리서 열차 빠앙- 경적 울림
계속 머리 내밀고 있는 상황
(멋 부리다 죽게 된 상황)

기차 들어와요, 아저씨, 죽어요!

이주노동자로 보이는 동남아시아인 두 명, 목소리 점점 다급해짐, 나중엔 머리! 머리! 하고 좀 외침

기차 들어와요, 죽어요!

놀라서 머리 뺌, 열차 아슬아슬하게 피함

두 사람 향해 머리 숙여 인사함
두 사람 내게 손 한 번 들어 보여주고는 열차에 오름
나도 얼른 올라탐, 혼자 얼굴 시뻘게짐
(종종 상상함, 그날 나 죽은 게 아닐까?
그날 이후의 모든 생이란
머리가 깨진 채 야외 역사에 쓰러져
천천히 죽어가는 나의 상상이 아닐까?)

이 경험을 토대로 「1859~1999」라는 초단편이 나옴

2월 12일 — 소설

노인의 이야기에 사업가 A는 기가 막혀서, 하필 미친 늙은이가 내 목숨을 구했군, 생각했다. 그러니까 어르신, 계산해보면 어르신은 1860년 전후에 태어나셨군요? 조금 빈정거리는 듯한 A의 말투에 노인은 무릎 위의 두 손을 꼭 모아 쥐며 입술을 몇 번 달싹거리더니 이내 벤치에서 몸을 일으켰다. 젊은이, 내가 실수한 것 같아. 나도 크게 기대한 건 아니야. 이만 가보겠네. 놀란 A는 벌떡 일어나 노인의 어깨를 양손으로 살갑게 움키며 말했다. 아뇨, 아닙니다. 실수는 제가 했지요. 그래서 제가 뭘 어떻게 해드리면 될까요?

노인과 헤어진 A는 화서역을 빠져나와 택시를 잡았다.

그는 뒷좌석에 몸을 묻고 방금 일어난 일들을 곱씹어보았다. 재수 옴 붙은 하루였다. 매년 '400대 자산가 리스트'에 이름을 올리는 A가 사십 평생, 택시든, 지하철이든, 그런 대중교통을 이용할 일은 거의 없었다. A의 운전기사가 접촉사고를 냈고, 상대방 운전자는 돈 냄새를 맡았는지 자기 차 안에서 버티며 악을 쓰기 시작했다. 뒷목을 부여잡은 채 택시를 잡아주겠다는 기사에게, 무슨 바람이 불었는지, A는 문득 서민적인 모습을 보여주고 싶은 충동을 느꼈다. 그는 화서역 입구를 턱으로 가리키며 말했다. 겨우 한 정거장 아닌가? 그러곤 이 사달이 났다. 다른 사람을 피해 철길 끝에서 열차를 기다리다가, 그만 철로 밑으로 떨어져버린 것이다. 평일 오후 한가한 화서역에서, 노인은 땅에 바짝 엎드린 채 양팔을 뻗어, 전력을 다하여 A를 끌어올려주었다.

한 달이 흘렀다. A는 노인과의 약속대로 경기도 B대학 앞 도로 사 킬로미터를 막은 채, 그 길을 따라 길게 간이 천막을 설치하였다. 천막에 들어간 돈도 돈이거니와, 영화 촬영을 핑계로 지역 경찰과 관계 공무원의 협조를 구하는 데도 상당한 공이 들었다. 물론 영화 같은 건 개봉되지 않는다. 중요한 건 노인이 홀로 십 리 정도를 걷는 동안 아무도 그를 보지 못하게 하는 것이다. 정말 고마워. 내가…… 너무 고마워. 천막 안으로 들어가기 직전, 노인은 A의 손을 잡고 펑펑 울기 시작했다. 그러곤 구깃구깃 접은 쪽지 한 장을 A에게 건넸다. A는 어서 이 멍청한 연극을 끝내고 마음의 짐을 털어버리기만을 바라며 쪽지를 주머니에 넣었다. 네, 네, 조심히 가세요. A가 고개를 끄덕이자 노인이 들어간 천막의 입구가 단단히 닫혔다.

A는 천막 반대편으로 차를 타고 이동하였다. 노인은 새벽 세시부터 다섯시까지 천막 안을 걷기로 되어 있었다. 새벽 네시가 넘어가자 A는 덜컥 겁이 났다. 이러다 괜히 송장 치르는 거 아냐? 천막 안쪽이 어두워서 중간에 자빠지기라도 했으면? 백사십 년 전에 태어났다고? 그가 살던 마을에는, 아무도 만나지 않고 십 리를 걸으면 살아서 미래세未來世를 보게 된다는, 누구도 믿지 않는 전설이 있어…… 그렇게 들키지 않고 걸었더니 백 년이 훌쩍 흘러버렸고…… 과거로 돌아가려면 다시 십 리를 혼자서 걸어야…… 이런! 미친 늙은이 말에 내가! 혼자 중얼거리던 A가 인부들을 향해 버

럭 소리쳤다. 천막 열어! 뭐해! 모시고 나와!

노인은 어디에도 없었다. A는 천막을 해체하는 내내 인부들 사이에 섞여, 눈에 불을 켜고 노인을 찾아보았으나 결국은 헛일이었다. 그는 황급히 쪽지를 꺼내어 폈다.

딱 스물이었어. 아무에게도 들키지 않고 십 리를 다 걷자 갑자기 낯선 길이 펼쳐졌다네. 놀라웠어. 여기가 새 세상이다, 극락이다, 했지. 처음에는 거지꼴로 노숙하면서도 꿈을 꾸듯 그렇게 몇 주를 행복하게 살았어. 그러다가 여기가 천국도 극락도 아닌, 그냥 백 년 후의 똑같은 장소라는 걸 알았다네. 그래서 신기한 물건이나 몇 개 집어서 슬슬 돌아가야겠다고 마음먹었지. 운 좋으면 그걸 비싸게 팔아 팔자라도 고칠 것 같았구. 그 후로 매일 걷기 시작했어. 눈이 오나 비가 오나 하루에 한 번씩 빼먹지 않고 걸었어. 그런데 꼭 사람을 만나더군. 길에서는 꼭 사람을 만났어. 통금을 어기고 나갔다가 갇히기도 했고 두들겨 맞기도 많이 맞았지. 그렇게 정말 사십 년을 매일같이 걸었다네.

나중엔 매일같이 남을 미워하며 살았다네. 사십 년 동안. 나를 쳐다보는 모든 사람을 죽도록 미워하면서. 남자든 여자든 어린애든 나를 쳐다보면 그 누구라도 죽이고 싶었어. 만나는 모든 사람을 미워하게 되는 생활을 상상해봤나? 그날도 나는 자네를 미워하면서 자네를 구했네. 자네와 눈이 마주치자 자네가 죽었으면 좋겠다고 생각하면서 자네를 살린 거야. 미안하네. 나는 내 부모보다 늙고 병들어서 고향으로 돌아가네. 돌아가는 게 무슨 소용이 있겠나. 그래도 돌아가야겠네. 어린 부모와 고향 사람들에게 그냥 눈을 맞추고 인사해보고 싶어. 내 말을 믿어줘서 정말로 고맙네.

2월 13일 — 에세이

폐강했으니 고생 많았음

—2016년 2월의 전화

올해로 결혼 십주년이지만 기념일을 특별하게 보낸 적은 거의 없다. 밖에서 점심 먹자고 가까운 냉면집 아님 중국집이나 두세 번 갔을까. 결혼하고 이듬해는 선물을 주긴 했는데 그게 무언지 기억은 안 난다. (방금 물어보니 꽃다발이었다 함.) 잔디 어머님이 전화로 결혼기념일을 어찌 보냈는지 물어보셔서 우리 부부도 날짜 지난 것을 알게 된 해도 있었다. 아내나 나나 기념일에 워낙 관심이 없고, 특히 십 년 전 결혼식 풍경에 관해서라면 수시로 이야기를 나누므로 따로 날짜를 잡아 기념하는 일이 새삼스럽기도 하다.

고등학교 원형 체육관을 빌려 식장으로 쓴 것, 강아지 살구를 내가 안고 주례사를 들은 것, 아내와 내가 하객을 두고 프레젠테이션 자료를 화면에 띄워 각자의 이력을 발표한 것, 준비한 음식이 아슬아슬해서 식을 마친 우리 부부가 식사를 거른 것 등 추억이 많고 그만큼 정신없는 결혼식이었다.

예산을 고려해 신혼여행지는 일본 후쿠오카였다. 여행 마지막 날 빠듯한 경비 안에서 가족 선물을 고르는 중에 한 국발 전화 한 통을 받았다. 당시에 딱 한 곳, 강의 나가던 대학의 조교 목소리였는데 내가 맡은 과목이 폐강했으니 지금껏 고생 많았다는 내용이었다. 당연하게도 저 '폐강'과 '고생 많았음'은 명확한 인과관계—수업 없으니 출근 없다—를 구성하였음에도 나는 '폐강했으니 고생 많았음'이란 말이 어쩐지 어색하고 수상하게 느껴져 잠시 전화를 끊지 못했다. (하마터면 '그럼 다음 학기에 다시 나갈까요?'라는 멍청한 질문이 나오려는 순간) 휴대전화를 든 나의 침묵에 수화기 너머 조교와 옆에 서 있던 아내가 모두 당황하고 있음을 느끼고 나는 얼른 높고 명랑한 목소리를 냈다. 아! 네네!

매년 2월 13일엔 우당탕 흥겨웠던 결혼식보다 이틀 후 신혼여행지에서 받은 그 전화부터 떠오른다. 그리고 그때 아내가 했던 말이 같이 생각난다. 꺼지라고 해!라고 해줬다.

2월 14일 — 시

사랑 시

너의 노트에 사랑이 적혀 있다

해변에서 밤거리에서 농장 편의점 성당 캠퍼스 박물관에서
너는 사랑을 떠올린다

눈 가늘게 뜨고 보듯
인간 형상은 뭉개지고

넘치는 건 빛과
열매와

사랑의 목구멍으로 넘어가는 세계

겨우 거부하고 쉽게 거부당하는 사랑
이 노트에 적혀 있다
겨우 용서받고 쉽게 용서하는 사람이

밥은 안 먹고
밥그릇에서 사랑을 푸는 것
국 뜨다가 사랑을 그릇에 퐁당
빠뜨리는 것

너는 노트에 적힌 사랑에 신난다

기차를 자전거를 타고
아님 기어서라도 사랑에 다가간다

비가 내린다 사랑이다
커피 두 잔을 들고 카페 테이블 사이를 조심조심 걷는다 사랑이다

빨래 널어두고 의자에 앉아 꾸벅꾸벅 조는 등이 보인다 사랑이다

라고, 노트에 적혀 있다

휴일 아르바이트하며 아무에게도 웃어주지 않고
집에 돌아와 하루쯤 책도 안 보고 연락도 안 받고
세상 망했으면 하고 바라다가
네가 깊은 잠에 빠지면 좋겠다

하지만 늦게까지 휴대전화 들여다보다가
오늘도 노트에다 사랑을 적었다고
네가 전화로 말해주었다

2월 15일 — 에세이

공원과 공터

공터는 이제 잘 쓰이지 않는 단어다. 공터를 볼 기회가 없기 때문이다. 도시는 자기 안에 쓸데없는 빈 공간을 남겨두지 않는다. 하지만 어릴 적 동네엔 이유도 목적도 없는 공터가 많았다. 높낮이가 서로 다른 지대들을 엉성하게 이어주던 계단들, 괜히 엉뚱한 자리에 놓여 있던 육교들도 기억난다. 내가 유년 시절을 보낸 응암동 공터는 그 쓸모없는 것들도 품고 있었다. 공터 중앙엔 짓다 만 커다란 주택이 이 년 넘게 방치되어 있었고, 또다른 높은 공터로 이어지는 경사로엔 쓸데없이 웅장한 돌층계가 스무 개 넘게 놓여 있었다. 거기서 어떤 얼굴들과 어울려 매일 시간을 보냈는지 지금은 떠오르지 않는다. 공터에 나가면 그냥 친구들이 있었다.

아무도 없는 날이라고 집으로 돌아가는 일은 없었다. 공터 중앙 방치된 공사장에서 질 좋은 모래를 잔뜩 옮겨와, 너른 계단 위에서 놀면 혼자서도 몇 시간쯤은 후딱 보낼 수 있었다. 거기서 나는 매일 이른 저녁을 쳐다봤다. 하늘이 저녁을 보여주기 시작하면 공터를 떠나 집으로 돌아갈 시간이라는 뜻이다. 많은 사람이 그렇듯 나는 대여섯시 저녁 하늘이 보여주는 색감과 온도에 홀려 있다. 하늘이 붉었다가 점차 푸르게 변하는 가운데, 몸을 둘러싼 대기의 느낌은, 비슷한 색감을 보여주는 아침 시간에 비해 덜 차갑다, 그리고 어쩐지 훨씬 더 진지하다.

저녁이 우리집 대문을 열고 나를 찾으러 온다. 서서히 다가오는 저녁은 짐짓 엄격해 보이는 표정이다. 어서 집으로 돌아가서 밥 먹고 잠자리에 들어야 한다고 말한다. 나는 더 놀지 못해 좀 슬프다. 그렇지만 나도 종일 노느라 지쳤기 때문에 돌아가야 한다는 것을 알며, 실은 매일 돌아가자고 이야기해주는 저녁이 고맙다. 집에 가자고 강권하는 저녁의 얼굴을 쳐다보고, 그 진지하고도 차가운 사랑의 목소리를 들으며, 놀이에 미련이 남아 공터 쪽을 연신 돌아보며 집으로 돌아가는 순간이 매일같이 찾아온다는 사실이 고맙다. 혼자 공터에서 놀았던 날은 공터와 저녁에 관한 생각을 더욱 끈질기게 이어가곤 했다.

얼마 전 꿈을 꾸었다. 응암동 공터가 세련된 공원으로 꾸며져 있었다. 우선 거대한 분수대가 눈에 띄었다. 발가벗은 아기 천사 서넛이 조각된 대리석 분수대로부터 물줄기가 하늘을 향하여 끝도 없이 솟구치고 있었다. 그 옆으로 새로 심은 듯 보이는 길쭉한 조경수 몇십 그루가 보였다. 그 어설픈 숲 아닌 숲은, 앞에 박힌 '숲'이라는 팻말 때문에 오히려 초라했다. 그래…… 공원이란 공터의 훌륭한 대체물이지. 어차피 아이들에게 공원이란 공터와 비슷한 의미를 지닌 공간 아닐까. 매끈하고 가지런히 깔린 잔디 위를 달리며 지금, 이곳 아이들은 예전의 나만큼 행복하면서도 쓸쓸한 감정을 느끼고 있을 텐데.

꿈속에서 공터가 공원으로 대체되려는 순간, 반짝이는 분수대 물줄기를 가만히 쳐다보며 내 안에 어떤 우울한 감수성이 여전히 존재한다는 것, 가끔은 억지로라도 그러한 감정을 꺼내고 싶어한다는 것을 깨닫는다. 문득 반짝이는 물과 공원이 선사하는 세련된 행복을 폐허로 만들고 싶다는 욕망에 빠진다. 그저 아무 쓸모없이 비어 있는 못난 장소라면…… 실로 아무도 찾지 않는, 나만의 공터가 되어줄지 모른다.

그러면 사랑하는 저녁이 대문을 열고 찾아와 다시 나더러 돌아가자고 할지 모른다.

2월 16일 — 시

명절 기차

기차를 타고 가다가 차창 밖으로 맥도날드가 보이면 왜 그게 반가워? 내리지도 못하는데…… 잘 모르겠어, 거긴 살이나 갈아서 파는 못된 곳이라고 친구랑 만나 이야기 나눴는데.

내려줘도 들어갈 일 없는 투명하고 길쭉한 비닐하우스 왜들 정겨워? 호미도 밀짚모자도 없지만…… 좌석에서 일어나 허리를 뒤로 한번 쭉 펴게 돼.

아까 수원역에서 보니까 두세 살이나 되었을까 볼 빨간 아이가 플랫폼에 서서

기차 안 남자에게 손을 흔들더라고. 출발하기까지 열심히 흔들더라고.

아이랑 똑 닮은 아빠는 분명 아이와 함께 서 있던데…… 아빠 말고 팔이 빠지게 아쉽고 그리운, 아빠 또래의 남자란 대체 누구지?

아, 나도 그런 인사 받아보고 싶다.

아니 더 좋은 거

만나면 죽도록 반가운…… 아빠 나이의 어른을

어린 내가 가졌다면 어때?

2월 17일 — 에세이

딱 좋은 만큼만 좋은

—2016년 이전의 설날들

나 힘들었던 사정

할머니 할아버지 생전엔 새해마다 친척이 모였으니 자연스레 어린 사촌들끼리도 일 년에 한 번은 얼굴을 봤다. 그런 명절 모임이 사라진 지 십 년이 넘었고 딱히 서운한 느낌도 없지만, 설날을 또래 없이 보내는 아기를 보고 있노라면 당시의 몇몇 장면이 떠오르기도 한다. 어머니가 이혼하고 친가 쪽과는 왕래가 전혀 없었기 때문에 내가 알고 인사하는 삼촌 숙모는 가족 호칭의 전통을 따르자면 실은 외삼촌 외숙모였다. 사촌 남자애 중에 돌림자 '종'을 쓰지 않는 것도, 형제 없이 외동인 것도 나뿐이었다. 종현, 종회, 종수, 종서, 종호…… 그러다가 어울리지 않게 튀어나오는 이름이 상혁이었다. 어째서 형 이름만 다르냐는 어느 사촌의 물음에 얼굴 빨개지던 기억이 있는 걸로 봐서 한때는 꽤 신경이 쓰였던 것 같다. 물론 더 나중엔, 왜 형만 아버지가 없냐는 어린 친척의 순진한 질문에도, 아이고, 옛날에 집에서 쫓아냈어, 하고 내가 답하면 옆에 어른들이 괜히 민망해져 설명을 거들었을 만큼 스스로 무덤덤해지긴 했었다.

나보다 힘들었던 희수 사정

할아버지가 세상을 떠나기 몇 해 전이었다. 신년 예배를 마치자 늘 그랬듯 남자들이 먼저 밥상에 둘러앉아 먹기 시작했다. (명절 상에서 남자들과 함께 수저를 뜰 수 있는 여성은 할머니와 어머니뿐이었다.) 나와 딱 한 살 터울의 서른 중반이라 서로 더 챙겨주던, 희수가 내가 먹고 일어난 자리에 앉았다가 얼마 안 가 몸을 일으켰다. 그러고는 둘만 있던 순간이 되자 조용히 말을 걸어왔다. 나 명절에 이제 안 온다, 일 있으면 우리는 따로 보자. 이유를 물을 필요는 없었다.

어릴 적 설날은 돈 받는 재미, 나가 노는 재미로 마냥 즐거웠는데 나도 희수도 서른이 넘자, 심지어 그 나이까지 세

뱃돈을 받으면서도 재미가 없었다. 교육대학원을 다 마치고도 문학에 홀려 이도 저도 아니게 시간을 보내던 그때의 나처럼, 갓 서른을 넘긴 친남동생이 먼저 가정을 꾸리자 명절 때마다 어른들이 들려주는 연애 얘기, 결혼 얘기, 임신 출산 얘기만 귓구멍 피나게 듣다가 집에 돌아가는 희수도 설날이 반가울 리 없었다. 이외에도 소소하게 거슬리는 게 많았을 것이다. 가령, 할아버지가 대표 기도로 가족을 축복하는 가운데 희수가 언급되지 않다가 몇 년 전부터는, 아직도 짝을 찾지 못한 그를 굽어살펴달라는 기도가 덧붙는 등.

오빠도 나처럼 빠져. 그 말에 문득, 그게 되나? 상상해보다가 대답했다. 우리집 운전하는 사람 나밖에 없어, 그리고 나는 밥도 먼저 먹잖아.

언젠가 힘들지도 모를 내 아이 사정

2014년 겨울 할머니까지 떠나자 명절 모임도 사라졌다. 이듬해 큰삼촌 집에서의 설이 마지막이었다. 나 고등학교 시절, 종현 형과 친해져 몇 번인가 술을 죽도록 마신 기억이 난다. 대학 땐 종수와 경마장도 가고 사우나도 가며 몇 년을 자주 어울렸다. 얼마 전 희수가 낳은 아이 돌잔치에 가서는 혼자 괜히 찡해져 시선을 떨구기도 했었다. 돌아보면 그런 관계가 다 마음에 든다. 하지만 너무나도 비슷한 세계 안에 존재하다가 또 너무나도 별다른 세계로 찢어져 살아가는 기분이라 더욱 무상하기도 하다.

내 아이는 친척 애들 모여본 경험이 없는 걸 커서 섭섭해 할까? 가까운 우정만큼 소중하지도, 중요하지도 않지만 그런 친구 사이와 전혀 다른 방식으로 끈끈하게 친밀한, 이 관계의 감각이 아들에게 누락되어 있다고 생각하면 좀 아쉽다. 다만 그런 감각의 결여가 빈틈없는 공백으로 잘 유지된다면 아이가 괜히 쓸쓸할 일도 없을 것이다.

2월 18일 — 에세이

욕 나오는 기억력

오래된 것, 지나간 것에 관심이 없기도 하지만 나는 기억을 잘 못하는 사람이다. 우선 초등학교 입학 전 기억이 거의 없다. 머릿속을 아무리 뒤져봐도 겨우 떠오르는 건 서너 장면이 전부다. 초등학교 입학 이후의 시간도 공백에 가깝다. 중고등학교 시절이라고 다르지는 않아서, 입학식 풍경이 어땠는지 수학여행을 어디로 갔는지 전혀 기억하지 못한다. 우리가 어디로 여행을 갔고 어느 숙소에 머물렀다는 잔디의 이야기를 놀랍기 그지없다는 표정으로 들었던 게 한두 번이 아니다. 어머니나 친척 어른들이 종종 말해주는 내 어린 시절이 남 얘기로만 들리는 것도 기억력 문제다. 과거에 워낙 깜깜하다보니 내가 당한 고약한 일에 대해서도 별 감정이 없다.

어른들 증언에 따르면 막냇삼촌은 나 초등학교에 입학하고 나서도 수시로 나의 뒤통수를 후려치는 것으로 기어이 조카를 울리곤 했단다. 백화점에서 장난감을 사달라고 떼쓰는 내 허벅지를, 남들 안 쳐다볼 때 있는 힘껏 꼬집었더니 살점이 뜯겨나오더라는 어머니의 회상도 통 남의 일 같다. 나보다 어린 사촌동생이 바닥에 누운 내 사타구니를 억척스럽게 밟아 응급실까지 갔는데 의사가 용해서 구사일생했더라는 이야기는, 심지어 내가 일곱 살 때의 일이라고 들었다. 중학교 때 무슨 기분으로 등굣길을 걸었는지, 고등학교 시절 끔찍하게 길었던 야간자율학습 시간을 무슨 생각으로 버텼는지도 현재로선 알 수가 없다. 대학교 입학하자마자 동네 친구와 연애를 시작해 이 년을 넘게 만났는데, 그와의 추억이 고작 대여섯 장면뿐이라니 말 다한 것이지. 아무리 열심히 읽은 책이라도 딱 일주일만 지나면 작가 이름도 몰라, 전체적인 줄거리도 안 떠올라, 대체 내 머릿속은 무슨 잡동사니가 담겨 있나.

자아란 기억들의 총합이 낳은 어떤 일관성일 것이다. 나를 나로 만들어줄 기억의 목록표가 턱없이 빈약하다고 생각하면 마음이 좋지 않다. 일기 쓰는 습관이라도 들여둘걸 후회하면서도 어차피 늦었으니 시작도 말자고 몇십 년째 포기만 하는 내가 미치게 한심하지만, 멍한 표정으로 감청색 저녁이나 쳐다보는 일이 최고로 즐거우니 어찌해야 할지 모르겠다.

2월 19일 — 시

내 사랑하는 가수에게

너, 좋네?
이번 노래 물 흐르듯 하네?

살얼음 덮은 강으로 봄비 떨어지듯 너
목소리 간지럽네?

나도 그늘진 바닥에 그려두고
보는
그리운 얼굴 있는데

며칠간 너 내려서 진흙탕 됐네?

밟혀 울고 있네?

졸졸 물소리에 위로받는
죽어가는
엎어진 개구리처럼

잠은커녕 아침
커튼도 못 열고
밥솥도 열어 못 보고

내가 두 손 위에 간 쓸개
다 꺼내놓고 귀기울이고 있네?

징그럽게, 좋네?
눈까풀이 짜부라져 눈이 귀처럼 됐는데

돌아올 수 있는 사람
다들 돌아갔는데

너, 흙벽 가소롭게 쓸어내듯

봄 무덤 쌓고 있네?

2월 20일 — 필사

펫 숍에서 우리 강아지 데려온 후로 꾸준히 꾸는 악몽의 내용을 필사함

기념일 선물로 애인이 하얗고 작은
몰티즈를 미리 주어서 그는 기뻤다
이 사랑스러운 개와 함께라면 새벽
운동으로 매일 산을 타겠다는 신년
계획이 거뜬할 것이다 그러나 첫날
좀 가파른 곳을 오르던 중 그가 큰
돌을 끙하고 밟았는데 하필 그것이
굴러 뒤따르던 몰티즈의 두 다리를
꺾었다 싸라기눈 내리는 산 정상의
추위에 아흐아흐 아파하는 작은 것
두 손에 들고 이 생명을 살려낼 수

있는 최선의 절차를 그는 구상한다
먼저 개의 체온 유지를 위해서라도
외투를 벗어 간이 들것으로 활용해
애를 옮긴다 다만 토요일 새벽이니
무엇보다 바로 진료 가능한 병원을
휴대전화 속 지도로 검색하는 한편
앱으로 택시를 부르고 돈이 부족한
학생이니만큼 애인 가족 등에 알려
진료비 및 수술비를 미리 마련하며
기타 약값 입원비 그리고 퇴원하고
한동안은 개를 누가 어떻게 케어할
것인지를 애인과 한번 상의하게 될
텐데 몰티즈의 출혈이 이미 상당해
빨갛게 뭉친 피 걸레처럼 보이므로
당장 추위를 무릅쓰고 숨이 턱까지
차도록 뛰어야 수고가 허사가 되지
않을 일이었다 달려라 달려 다리야
당장 움직여라 지금부터 삼십 분만
전력을 다하자는 맘으로 새 패딩을

벗으며 어쩌면 강아지가 죽게 될까
피에 젖은 패딩을 세탁소 맡겼다가
결국 폐기하고 개를 산에 데려갔던
경솔한 판단에 대해 애인에게 추궁
당하고 말도 없이 자취방에서 개를
키운 일에 대해 어머니와 할머니의
꾸지람을 듣고 나는 제대로 걷지도
못하는 개를 안고 집으로 돌아오게
되는 건 아닐까 혹은 그 모든 품이
죽은 개라는 결말로 수렴하는 것은
아닐까 추위와 달리기와 패딩과 돈
그리고 시간과 노력과 궁핍한 엄마
나의 손바닥 타고 뚝뚝 흘러내리는
개의 피 애인의 분노는 고정값으로
피할 길이 없었다 주변을 살피다가
그는 소리 없이 작게 말린 채 떠는
개를 절벽으로 힘껏 던졌다 그리고
다음날 개가 품에서 튀어나갔다고
개를 증여한 애인에게 울며 알린다

2월 21일 — 에세이

살아남은 등단작이 죽은 이야기

몇 해 전 한국 현대시인 100인의 등단작 100편을 모아 앤솔러지로 엮는 기획에 참여하면서 나는 분명히 알게 되었다. 내가 나의 등단작을 진지하게 싫어한다는 것을. 앤솔러지 기획서에서 김소월 시인의 이름을 확인하고 나 같은 작은 시인이 이 목록에 왜 끼어 있는지 의아하긴 했다. 하여튼 출판사 측의 제안을 염치없이 얼른 수락하고 오랜만에 첫 시집을 펼쳐보았는데…… 몇 분 지나지 않아 나는 무거운 마음으로 출판 담당자에게 메일을 보내야 했다.

등단작 「정체」는 내가 시 같은 것을 해보겠다고 마음먹고 처음 써본 글이다. 얻어걸린 것치고는 괜찮은 수준이지만 어느 문예지도 시 한 편만 보고 신인상을 안겨주진 않는다. 잡지 투고를 위해서는 최소한 네 편, 많게는 아홉 편이 더 필요했다. 얼결에 쓴 「정체」 이후로 23개월간 등단을 준비하던 수많은 이들이 했던 것처럼 차근차근 투고작을 모아갔다. 우선 A라는 잡지에 신작 열 편을 투고한다. 그리고 몇 달 뒤 B 잡지의 신인상 공고가 뜨면, A 잡지에 냈던 작품 중 못난 네 편을 버리고, 그간 새로 쓴, 더 마음에 드는 네 편을 대신 집어넣어 더 나은 열 편을 만든다. 몸 어디에 좋다는 농축액을 생산하는 과정처럼, 신인상 투고를 거듭할수록 내가 보기에 좋은 작품은 열 편 안에 계속 남고 어설픈 작품은 꾸준히 버려졌다. 그러니 「정체」는 저 투고작들 사이에 벌어진 23개월의 데스매치(?)에서 살아남은 용한 작품이기도 하다. 투고 원고의 열번째인가 열한번째에 놓인 채 기어이 목숨을 유지하던 「정체」는 결국 등단작이 되었다. 내가 맨 앞에 놓은 작품은 「이사」였다. 2009년 2월 등단 축하 자리에서 출판사 높으신 분이 전한바 맨 뒤에 있었지만 특히 인상적인 「정체」가 등단작이 되었다! 처음 써본 「정체」가 제일 좋았다니 지난 23개월간의 문학적 여정이 지닌 의미가 좀 퇴색하는 느낌이었다.

담당자님께. 귀한 앤솔러지에 참여할 기회를 주셔서 진심으로 감사드립니다. 제가 얼마나 기쁜지 다 표현하기 어려울 정도입니다! 그렇지만 「정체」가 담은 여성 혐오적이며 시대착오적인 코드가 마음에 걸립니다. 앤솔러지에 누가 될 듯합니다. 책에 반드시 「정체」를 실어야 한다면 저는 이번 기획에 참여하기 어려울 듯합니다. 하지만 담당자님, 혹 등단작 여덟 편 가운데 하나인 「이사」가 대신 들어가도 되는지 내부에서 상의해주실 수 있을까요?

이상 앤솔러지 담당자에게 보낸 여러모로 간절했던 메일의 내용이다. 앤솔러지 소동 이후 친구 효인에게 물어보니 영 마음에 안 드는 작품은 시집을 증쇄할 때 빼버려도 된다는 답이 돌아왔다. 시집에서 아예 빼는 선택지는 고려해보질 않아서 그럴까 하다가 그냥 두었다. 4쇄까지 실려 있던 작품을 5쇄에서 빼는 일이 구차하게 느껴졌고, 어차피 5쇄보다 더 찍을 것 같지도 않은데 발악하기 싫었다. 첫 시집을 그대로 두고 보면서 내내 반성하고 싶은 마음도 있고. 그러면서도 등단작을 밝혀야 하는 상황이 닥치면 굳이 '「정체」

「이사」 외 6편'이라고 적고 마는 게 스스로 한심하다.

2월 22일 — 시

개봉 후 냉장 보관

내가 싫어하는 것은 반복이어요 한 번 말하면 못 알아듣습니다만 두 번은 싫어요 두 번에 두 번은 미치고 돌지요 그쪽에서 먼저 쏘고 나 살아남으면 이쪽에서 한 방 쏘고 그래서 둘 멀쩡하면 각자 돌아섭시다 한 번만 혼냅시다 두 번 말하면 고쳐먹나요 욕 세 번 먹으면 반성하나요 밟아도 싹은 또 자라고 꽃까지 피면 뭐가요 좋은 거지요 한꺼번에 묻으면 편한 거지요 다 늙으면 돌아와 파낼 생각 말고 땅 파다가 깊어서 떨어지면 눕는 거지요 오랫동안 피곤하였네 덮어, 덮어 손짓하며 얼떨결 삽 든 사람과 눈 맞추는 거지요 뒤에서 밀면 밀리는 대로 밑이 당기면 당기는 대로 한 번은 폴짝 뛰어보고 두 번은 아닌 거지요 겁먹은 토끼 아닌데 곰팡 핀 삶에 코 박은 돼지 아닌데 두 눈 뻘게서 먹고 죽자 술잔들 깨지게 부딪히며 똑같은 소싯적 얘기 또 꺼내는 당신 냉장고에 넣어둘게요 하루에 수십 번 냉장고 열어보는 배고픈 귀신들 보게요 학교에서 돌아와 귀신처럼 간식부터 찾을 백 년 이백 년 후의 아가들 보게요

2월 23일 — 시

인터미션

오이디푸스 역役이 방금 제 눈을 찌른 모형 단도를 바닥에 내던졌는데 팔에 너무 힘이 들어갔는지 그것은 무대를 몇 번 튀다가 결국 무대 밖 객석으로 굴러 떨어졌다. 마침 그곳 1열에는 어머니 손에 이끌려 소극장이란 곳엘 처음 와본 대여섯 살 정도의 소녀가 앉아 있다. 지루해하면서도 어머니와 함께이기에 얌전할 수밖에 없던 소녀가 발 앞에 놓인 단도를 보고 눈을 빛내기 시작한다. 의자에서 일어난 아이는 칼을 주워 자기 머리 위로 번쩍 치켜든다. 날이 무디고 손잡이에 조악한 큐빅이 박힌, 그럼에도 꽤 무겁고 위험해 보이는 단도가 소극장 관객석과 무대 사이 어두운 허공에 떠 있다. 시력을 잃은 왕이 신음한다. 신하는 경악한다. 예언자는 침묵한다. 엄마 표정이 일그러진다. 그리고 지금 꼭 칼을 돌려주고 싶은 아이가 울음을 터뜨린다.

2월 24일 — 단상

사소한 디그니티Dignity

추운 날엔 달리는 사람이 많다. 몹시 쌀쌀한 출근 시간이라면 뛰는 사람은 더 많아진다. 오늘 아침엔 두 사람이 눈에 띄었다. 먼저 본 사람은 보라색 패딩을 입은 작은 중년 여성이었는데 전력 질주로 내 정면 멀리서부터 빠르게 가까워지더니 곧 나를 지나쳤다. 파주에서 합정역 가는 직행버스가 다가오고 있었으므로 그는 뛰지 않을 수 없었을 것이다. 한껏 열려 있는 그의 눈코입은 제시간에 도착하고 말겠다는 의지를 뿜어내고 있었다. (한 번 놓치면 이십 분 후에나 오는 버스는 모든 경기도민을 달리게 한다.)

몇 초 차이로, 더 작고 통통한 중년 여성이 코트 자락을

펄럭이며 달려오는 게 보였다. 다들 알 것이다, 열심히 뛰면서도 입 주변 근육을 바짝 긴장시켜 볼과 턱을 덜 흔들리게 하려는 노력 말이다…… 양팔을 몸통에 붙이고, 상체에 힘을 준 채 달려오는 그 얼굴 역시 곧 나를 지나쳐 멀어졌다. 여자는 버스를 따라잡았을까?

내가 좋아하는 건 긴장한 얼굴이다. 순간순간 방심하거나 뭉개지는 표정을 누가 신경이나 쓴다고, 인파 속을 달릴 때 굳이 얼굴에 힘주는 사람, 계단 뛰어오를 때 입 닫고 어쩐지 비장하게 코로만 호흡하는 사람, 배가 살살 아픈데도 어금니와 엉덩이를 앙다문 채 옛날 양반처럼 화장실 들어서는 사람을 마주치면 재밌고 좋다.

정의로운 연쇄 살인자(?)라는 주인공 설정을 가진 드라마 〈덱스터〉에서 특히 좋아하는 에피소드가 있다. 고통스럽게 암 투병을 이어가던 카밀라가 오랜 친구이자 직장 동료인 주인공에게 고통 없는 죽음을 부탁하는 장면이다. 다음 장면에서 카밀라는 단 한 단어로 주인공의 결심을 끌어낸다. 어지러운 영어 대사 중에 유독 귀에 박혔던 말, 바로 '디그니티Dignity'였다.

우리는 각자의 맥락으로 단어를 이해하고 수용한다. 어쩐지 딱딱하고 각진 뉘앙스의 저 디그니티라는 단어는 체면이라는 단어와 대비되어 나에게는 얼마간 수동적인 느낌을 준다. 가령 공적인 자리에 나가며 비싼 옷을 입는 건 체면을 차리는 일이고 옷장을 뒤져 몸에 잘 맞는 깨끗한 옷을 고르는 건 디그니티와 연관된 행동처럼 보인다. 자기를 드러내거나 높이려는 끈질긴 욕망과 달리 내가 이해하는 디그니티란 수치심에 대한 회피 혹은 반작용 같은 것이다.

인간 존엄이라는 맥락을 이토록 대충, 표면적으로 받아들이며 사는 게 우습긴 하지만, 여전히 기세등등한 2월의 찬바람이 내 목덜미를 후릴 때, 하루에 다섯 번 말고 세 번만 이 닦고 싶고 목욕도 하루쯤 빼먹고 싶을 때, 아내와 아이 앞에서도 끝내 생리현상을 참다가 가족끼리 이게 맞나 하는 자괴감이 드는 순간에도 나는 디그니티, 수치심, 디그니티, 수치심, 하며 주술처럼 속으로 중얼대고 만다.

2월 25일 — 시

인간을 지탱하는 하나의 무엇 혹은 사소한 인생

성공적인 삶의 비밀을 알려준다는 계발서가 말하길
무엇보다 사람은 자기암시가 중요하다는 것이다
'흔히 말이 씨가 된다는 속담도 있지만
더 무서운 것은 당신의 생각이야말로 성공과 실패의 씨앗이라는 사실이다'
라는 구절 아래 번호를 붙여 해외의 여러 사례를 모아두었다

출처는 불명이고
시기, 장소, 인물의 이름은 적혀 있다
어디서 한 번쯤 들어본 듯 익숙한 얘기의 변형이라

의심 없이 읽게 되는 내용들

나미비아 탄광촌 가난한 소년이 다이아몬드만 생각하다가 정말 다이아몬드 광산의 오너가 되었다는 사례

언어장애를 갖고 태어난 이집트 파이윰의 어느 청년이 예수 발등에 입맞춤하는 단 한 번의 꿈을 계시라고 믿고 신앙을 지키다가 대주교가 된 사례

하루 몇십 번 발작이 나타나는 어린 남동생의 산책 장면을 수도 없이 상상하던 영국 귀족 소녀가 끝내 신약을 개발해 동생을 산책하게 만든 사례가 나오고,

뜬금없이 사소하고 비극적인
한 호박 농사꾼의 이야기가

시대도 공간도 모호한 가운데
'혹 당신은 아침에 눈을 뜰 때마다 부정적인 하루를 그려보는가? 그렇다면 당신의 삶은 이미 실패다 그리고 어쩌면, 그런 부정적인 사고가 당신과 가족의 목숨마저 앗아갈 수 있다'

라는 구절 아래 번호가 생략된 채 붙어 있다

별볼일없는 배경과 외모를 가진 남자는 먹고 자는 시간마저 바짝 줄여 근면한 덕에 나이 오십에 작게나마 제 땅을 가지게 되었고 그제야 결혼해 겨우 아들을 얻었는데

난산중 사랑하는 아내가 세상을 떴으므로 남겨진 소생은 늙은 인생에 전부나 다름없었다

한데 아들이 열 살 되던 해 옆집에 소피, 라는 인정 많고 아름다운 처녀가 홀어머니와 이사 오게 된다

여러 날 소피의 순결한 친절이 반복되면서 남자는 매일 밤 잠들기 전 망상을 즐긴다 심지어 자신이 하나뿐인 자식을 잃는다면 소피의 동정심은 극에 달할 거라는

상상 속에서 유일한 핏줄마저 떠나보낸 슬픔에 오열하는 백발의 머리통이 소피의 두 팔과 가슴에 묻혀 들썩거린다

결국 아들의 죽음은 남자의 부정한 생각이 초래한

결과임을 암시하며 이야기는 끝나고
계발서를 덮고 나니 내 눈앞에 그려지는 장면은
누렇게 떠서 늙은이 머리 같은 맷돌호박을 든 세 사람의 모습

남자의 죽은 아내가 몸을 돌리다가 맷돌호박을 바닥에 떨어뜨린다
열 살 아들이 남자한테 맷돌호박을 안고 달려오다가 바닥에 떨어뜨린다
집으로 돌아가야 하는 소피가 힘들게 들고 있던 맷돌호박을 바닥에 떨어뜨린다
그리고 알다시피 깨지기 전
호박을 파서 남겨야 할 표정은 언제나 웃음뿐이다

2월 26일 — 동시

우리집 개는 억울하다

우리 개는 엄마의 딸이었지
우리 개는 아빠의 동생이었지

예전 사진 봤는데
우리 개는 종일 힘껏 꼬리 흔들더라
틈나면 아빠 다리에 귀를 비비고
쉬지도 않고 엄마를 따라다니고

예전 이야기 들었는데
우리 개 차로로 뛰어든 날
달려오는 차를 아빠가 막고

나를 밴 엄마가 개 잡으러 달리고

물론 우리 개는 똑똑해
우리 개는 애교가 많아

오줌 실수 똥 실수 한 번을 안 했고
틈나면 엄마 옆에서 잠들고
쉬지도 않고 아빠를 간질이고

예전 동영상 봤는데
우리 개는 수도 없이 예쁜 짓을 하네?
우리 개는 끝도 없이 충성심을 보이네?

그러다가 우리집에 내가 생겼지
나는 아무것도 안 했고
아무것도 아니게 누워만 있었지

오히려 수도 없이 울기만 했지
오히려 끝도 없이 요구만 했지

시나브로 우리 개는 엄마 딸 아니고
아빠 동생 아니고 그냥 우리 개가 되었다

어쨌든
꼬리도 애교도 없이 내가 개를 이기고 말았어

그러고 어쨌든
그 개도 그냥 나를 사랑하고 있어

2월 27일 — 동요

한 살 아이가
아침저녁 하도 잠을 안 자서
나 살자고,
나 잠들지 말자고 만든 자장가

이건 엄마 방 저건 아빠 방
그럼그럼 문채 방은 어디 있어요?
먼지 같은 너한테 방이 어딨냐
마당에나 나가서 누워 있어라

이건 엄마 돈 저건 아빠 돈
그럼그럼 문채 돈은 어디 있어요?
먼지 같은 너한테 돈이 어딨냐
종이 한 장 줄 테니 그려 쓰거라

엄만 아빠 짝 아빤 엄마 짝

그럼그럼 문채 짝은 어디 있어요?
천사 같은 너한테 짝이 어딨냐
엄마 아빠 품안에 좀더 있거라

추-추주 추주- 추-추주 추주-
추추추주 추추추주 추추추추추-
추-주추추 추추추 추추추추추-
추-추추주 추추추 추추 추추주

(이처럼 마지막은 가사 없이 추추추- 하고 조용하게 곡을 부르곤 했다.

요즘도 들려주고 싶지만 아이가 시답잖아하고 오히려 잠을 깬다.

그래서 아이가 완전히 잠에 빠지면 몰래 불러본다.

다른 자장가로 〈꽃밭에서〉도 부르고, 안치환의 〈사랑하게 되면〉도 가사 속 '그대'를 아이 이름으로 바꾸어 불렀었다. 잠을 못 자서 대낮 자유로 운전중 귀신 볼 만큼 몸이 힘들었는데, 그때 좀 그립기는 하다.)

2월 28일 — 자전소설

천재와 시간

—형, 오랜만이에요.

—어, 뭐야 결혼해?

그럴 리 없는데. 오래 연락 없던 친구의 전화를 받으면 꼭 이런 말이 튀어나온다. 좀 어색하더라도 진지하게 안부를 묻는 편이 나을 터인데. 다음부터는 이러지 말아야지, 다짐하면서 나의 수작을 웃음으로 넘기는 도영의 목소리에 귀를 기울였다.

—갑자기 아빠가 좀 많이 아프셔서요. 제가 여덟 번 강의를 다 못하게 생겼는데, 어떠세요? 수업 세 번 남았구, 합평이라 형이 그냥 가서 수강생 작품만 봐주면 되는데요.

—어어, 첫 날짜랑 시간 알려줘.

—근데 장소 때문에요. 형이 파주니까 가깝진 않아요.

—뭐, 서울 안쪽이면 다 가지. 어딘데?

고덕동이니 서울이기는 해도 동쪽 끝이었다. 왕복 세 시간은 걸릴 테고, 강의도 일곱시 시작이라 퇴근길을 뚫고 지나야 할 판이었다. 아무리 아버지 일이어도 그렇지 굳이 파주 사는 사람한테 이런 데를 주는 건 아니지 않나? 원망스러웠다.

—한 달에 한 번이면 멀어도 그게 먼 건가, 뭐. 해야지.

—형, 진짜 고마워요! 근데 강의비도 적어서, 이게요.

전화를 끊고 나니 더욱 입이 썼다. 애당초 얘는 어쩌자고 한 달에 한 번, 회당 십만 원짜리 강의를 받았을까? 팔십이어도 그쪽에서 선불로 준다니 마음이 훅 동하였을까. 아는 사람 부탁이었을지도 모르고.

'Web발신. 2019/12/25 21:05. 입금 300,000원. 잔액 309,423원.'

자기가 수업료로 받은 돈은 세금 떼고 77만 얼마인데, 나한테 강의 세 번을 맡기고 그냥 30을 맞추어 보낸 것이다. 그걸 보니 또 마음이 짠하기도 하였다.

두 시간을 훌쩍 넘게 운전하여 도착한 곳은 고덕역 부근 오피스텔 건물이었다. 좁디좁은 주차장을 차로 이리저리 돌며 자리를 찾느라 십여 분을 더 보내고 나니 안 그래도 답답하던 가슴에서 열불이 났다. 517호. 그날 도영에게 전화로, 매월 문학잡지를 내는 사무실이라고 듣기는 들었는데. 이름은 잘 떠오르지 않았다. 사명이 적힌 현판을 들여다보아도 알 수 없었다. 네 자가 모두 한자로 적혀 있었는데, 무슨 무슨, 그 뒤에 '詩'자가 붙었고, 마지막 자는 '원' 아니면 '회' 같기도 하였다. 잠시 심호흡을 하고 문을 두드렸다. 마흔 정도 되어 보이는 남성이 과장되게 들뜬 목소리로 나를 반겨주었다. 그의 혈색이 무척 좋아서 나도 모르게, 등산 다니시는 분 같은데…… 하고 쓸모없는 짐작을 하며 신발을 벗었다. 그러고 나니 괴상한 편견이라는 생각에 혼자서 괜히 부끄러운 기분이었다.

—안녕하세요. 시 쓰는 김상혁입니다. 최도영 시인한테 듣기로는, 보통 돌아가며 서너 분씩 결석하니, 나머지 서너 분 정도 앉아계실 거라고. 그런데 오늘 결석이 없으신 거죠?

—새 선생님 오신대서 이렇게 다-아, 모였습니다!

혈색 좋은 남자가 씩씩하게 대답하는 사이, 나는 길쭉한 타원형 테이블에 앉은 수강생 전원을 재빠르게 눈으로 훑었다. 여자 다섯 남자 둘. 연령은 들쭉날쭉하여서 이십대 초반부터 사십대 중반까지였다.

'누구지?' 수강생의 시가 인쇄된 종이 묶음을 들추다가, 문득 도영의 말이 떠올라 나는 잠시 고개를 들어보았다. 거기서 가장 어린 여자 회원인데, 천재 맞는 것 같아요. 혼자 나이 차이가 있어서 딱 보면 아실 거예요, 결석도 안 한다니까? 하지만 나는 이내 고개를 숙였다. 비슷하게 어려 보이는 여성이 셋이나 되었고, 합평하는 수강생을 두고 천재니 뭐니 하는 말에 흥미가 없기도 하였다.

시를 쓰는 일보다 자신 있는 것이 시 보는 안목이었다. 그리고 지난 십 년간의 강의 경험으로 보건대, 수강생 천재란 없다. 습작생은 시의 전반적인 완성도를 고려할 필요가 없기 때문에 빛나는 한두 구절을 적어내는 것이 오히려 수월하기도 하다. 맥락 안에서 빛나는 문장, 맥락과 함께 아름다울 수 있는 문장은 극히 드물다. 수많은 강의실을 드나들며 나는 여러 명의 천재를 만나왔고. 개중에 진짜 천재는 단 한 명도 없었다. 도영아, 너 아직 멀었어. 네 안목이 그러니까 네가 쓰는 시가 그런 거야.

—우선미 선생님이 쓰신 게 맞죠?

그날의 마지막 시였다. '입문'이라는 재미없는 제목에, A4 반쪽 분량, 행갈이 없는 박스 형태의 작품이었다.

—의심하는 건 아닙니다. 의심이 들 만큼 잘 썼다는 말이죠.

선미씨는 아무 대답도 하지 않았는데 내가 먼저 말을 덧붙이고 있었다.

—네, 제가 썼고. 여기 다니면서 쓰기 시작했어요. 6월에 첫 작품을 가져왔는데, 최도영 선생님이 칭찬을 많이 해주셔서요, 그뒤로 한 달에 한 편씩 쓰고 있습니다.

말투도 놀라웠다. 칭찬을 받으면 보통은 부끄럽다는 티를 더 내거나 아니면 부러 상대의 칭찬을 부정하거나, 하여튼 다소 굴절된 반응을 보일 법도 한데 선미씨는 담담하기 그지없었다. 무슨 종이라도 들고 그걸 읽고 있나 싶을 정도였다. 우리 대화를 듣는 나머지 여섯의 반응도 비슷하게 담담하였다. 몇은 선미씨를 자랑스러워하는 기색을 비치기도 하였다.

—합평 소감을 나누기 전에 잠시만 쉴까요? 그런데 선미 선생님, 이전 수업 때 쓴 작품도 지금 있으세요?

선미씨는 검은색 작은 백팩에서 종이 몇 장을 꺼내어 나에게 건네었다. 나머지 다섯 편이었는데 하나같이 박스 형태의 산문시였고, 제목은 '천공' '오수' '파고' 등이어서 다 재미가 없었다. 그런데 시가 말도 안 되게 강렬하고 아름다웠다. 지금껏 내가 발표한 수많은 작품 중에 이렇게 좋은 게 있었나? 아니, 여기에 비할 만한 작품이 단 한 편이라도 있을까? 잠깐 휴식 후에 내가 무슨 말을 하였는지는 거의 기억이 없다. 최도영! 이 멍청한 새끼가! 천재 맞는 것 같아요? '맞는 것 같다'고? 네 안목이 그러니까 네가 쓰는 게 그따위지?

나는 집으로 돌아오자마자 아내를 붙잡고 미친듯이 이야기를 쏟아내었다. 그러다보니 너무 호들갑을 떤 게 아닌가 싶어서 막상 아내에게 선미씨의 작품을 보여주려 할 때는 조금 망설여지기도 하였다. 과연 다시 읽어보아도 아까만큼 좋을지 확신이 서지를 않았던 것이다. 종이를 받아든 아내가 작품을 읽기 시작하자 괜히 안달이 났다.

—아니, 그게. 또 그렇게 좋지는 않을 수가 있어. 아무래도, 딱 여섯 편 가지고 있는 건데. 우리가 읽는 취향도 좀 다

르잖아. 거기, 그런데 거기, 지나고 나면 더 좋기는 하더라고. 도입부가 약간 동의가 어려울 수가 있는데……

—조용히 좀 해봐!

아내에게 허벅지를 맞은 후에야 나는 입을 다물 수 있었다.

—나머지 다섯 편도 이렇다고?

아내의 저 물음은 동의와 공감의 의미였다. 내 안목이 틀리지 않았다는 확신이 생기자 나의 목소리 또한 덩달아 낮아지고 진지해졌다.

—어. 호들갑 아니지? 여섯 편인데 빼고 더할 문장 하나가 없다니까?

—정확히 몇 살인데?

—다음 해에 스물둘. 곧 삼학년 올라가.

이듬해 1월에 출판사 내부 수리가 있어서 다음 수업은 2월 23일 일요일이었다. 문제는 코로나였다. 혈색 좋던 남자분이 코로나 양성 판정을 받았다는 소식을 수업 이틀 전에 전하여 들었다. 그렇게 추이를 지켜보자며 한 주 연기된 수업은 코로나가 확산되자 결국 기약 없이 중단되었다. 출판사 측에서 환불 신청을 받아보니 수강생 일곱 가운데 코로나에 걸린 남성을 포함하여 세 명이 빠져나갔다. 몇몇에게 항의가 있었던 모양이다. 강의가 이미 절반 이상 진행되었으니 평소 같으면 환불이 불가하였을 터이지만 상황이 상황이니만큼 출판사도 어쩔 도리가 없었던 것이다. 다행이라고 말하기도 무엇하지만, 하여튼 나도, 도영도 선불로 받은 강사료의 일부를 뱉어내지는 않았다. 출판사의 배려였다.

3월 초, 수업에 남은 수강생 명단을 받아보았고 거기에는 우선미도 있었다. 그것으로 되었다 싶었다. 신춘문예 공모 기간이 진작 끝난 것은 어쩔 수 없지만, 코로나 때문에 주요 문예지의 신인상 공모 몇 개를 더 흘려보내야 하는 게 못내 아쉽기는 하였다. 지난 수업 시간에 대충이나마 공모 일정을 일러주었으니 우선미씨 스스로 작품을 투고하여볼지도 모를 일이다. 전화라도 한번 걸어볼까 하였지만. 내가 괜히 욕심을 부리는 것 같기도 했고, 어쩌면 오해를 살 만한 행동이기도 하여 그만두었다. 초조할 이유가 없기도 했다. 그만큼 나는 우선미의 실력에 관하여 더할 나위 없이 확신하였던 것이다. 몇 달 문단에 늦게 나간다고 어찌될 재능이 아니었다.

봄이 다 지나도록 코로나 확진자는 줄지 않았다. 오히려 8월에는 코로나 2차 대유행을 염려하는 뉴스가 쏟아졌다. 수시로 폐쇄되는 어린이집으로 인하여 나와 아내는 대여섯 달을 네 살짜리 아들을 돌보고 달래는 일에만 매달려 살았다. 강의가 줄어드니 원체 형편없던 수입은 더욱 비참한 수준으로 떨어졌다. 아내와 나는 매일 어디가 아팠고 매번 어디선가 졸았다.

9월 말이 되자 상황이 좀 나아졌다. 어린이집이 돌아가기 시작하였고, 여기저기서 강의가 다시 열리기도 하였다. 그렇게 글 쓰고 책 읽을 시간이 나자 우리 부부의 심신도 안정을 되찾아갔다.

2020년 10월 25일 일요일. 열 달 만에 다시 잡힌 고덕동 수업이었다. 하지만 세 시간 가까이 운전하여 도착한 그 사무실에 우선미는 없었다. 얼굴도 가물가물한 이십대 남자와 사십대 여자, 그렇게 수강생 둘만이 길쭉한 타원형 테이블에 덜렁 앉아 있을 뿐이었다.

—네 분이라고 들었는데……

—두 분은 연락이 안 되네요. 선생님, 그런데 제가 시를 못 가져와서요, 오늘 시가 한 편뿐인데. 어쩌죠?

여자 수강생이 다소 떨리는 목소리로 말을 이었다. 예전 그 혈색 좋던 선임 수강생의 역할을 어쩔 수 없이 떠맡은 것 같았다. 남자 수강생은 고개를 숙인 채 웃기만 하였고.

스무 문장도 안 되는 시 한 편을 가지고 혼자 두 시간을 떠들 수는 없었다. 실례가 되지 않는 선에서 수강생 두 명의 개인사와 시에 관한 그들의 열정을 샅샅이 캐내고 난 후에야 겨우 시간을 채울 수 있었다.

집으로 돌아와 다음날 아침까지도 망설이다가, 나는 우선미씨의 번호로 전화를 걸었다. 다음 강의에는 올 거냐고 전화 한번 걸어보는 게 무슨 문제냐는 아내의 조언에 용기를 얻기도 하였다.

—우선미씨 맞으신가요? 저, 시 쓰는 김상혁입니다. 저희 수업이 한 번 남아서……

—죄송해요. 무슨 수업 말씀이신지요?

—고덕역 근처 그 오층 출판사에서, 왜, 지난해 12월에 한 번 뵀는데요, 저, 시 쓰는 김상혁이라고…… 아니, 그 최도

영 시인 강의요.

—아! 안녕하세요! 아! 맞아요. 선생님, 당연히 아는데, 죄송해요.

—아닙니다. 한 번 봤는데 바로 기억하는 게 더 이상하죠.

환불 조사 이후 출판사나 선임 수강생의 연락을 전혀 받은 적이 없는 것도 같았다. 그래도 시 쓰는 사람이 시인 선생이나 창작 수업을 아예 잊고 지냈다고 생각하니 좀 섭섭하기도 하였다. 그러다가 문득 짚이는 데가 있어서 조심스레 물었다.

—혹시, 지금, 다른 수업 나가시나요?

—네?

—다른 데서 쓰고 계시나 해서요. 여기 휴강이 길었죠? 인원도 얼마 안 되니 수업 그냥 진행해도 됐는데. 한 분이 다른 데서 확진 받고 하니, 출판사 운영하는 분이 겁을 드셔가지구.

—선생님…… 그런데 제가 취직을 해서요.

—출판사에요?

지금 돌이켜보면 마지막까지 멍청한 반응이었다. 창작 수업을 듣던 사람이 취직한 곳이니까 출판사라는 식으로 생각하여버린 것이다.

—제가 전공이 그쪽이 전혀 아니라서요. 그냥, 홍보 회사 대학생 인턴인데, 요즘 같은 때 정말 운이 좋았죠.

—네, 그럼 다음 수업은……

—솔직히, 저는 생각도 안 하고 있었는데. 그때도 그냥 재미로 들어본 수업이구, 시는 읽어본 적도 없고요. 잘 쓴다고 칭찬받아서 좋기는 했는데요. 코로나 있어서 시간도 많이 지났고.

아니, 내가 단순한 칭찬을 한 게 아니지 않은가. 현대시 다 죽었다, 앓는 소리를 하기는 하여도, 어느 신춘문예 시 부문은 요즘도 천 편 가까운 투고작이 들어오기도 한다. 그렇게 수많은 사람이 시를 쓰고 있고, 자기 재능을 드러내려 안달이지만, 극히 소수만이 소위 메이저 지면으로 등단을 하며, 그중에서도 선택받은 몇몇 시인만 첫 시집을 낸다. 그런데 우선미 당신은 천 명 중에 한 명도 아닌, 만에 하나, 그것도 아니지, 십만 명 중에 하나 나올까 말까 한 재능을 가진 것이다. 내가 분명히 그날 그렇게 말하지 않았나? 단언컨대, 지난 십 년간 내가 엄청나게 많은 작품을 읽어왔으나,

우선미 당신이 쓴 시만큼 강렬하고 아름다운 시는 단 한 편도 보지 못하였다고. 그 재능이 얼마나 귀한 것인지 대체 내가 몇 번이나.

—재미가 없어요, 솔직히요.

—네?

—앉아서 글 쓰는 게 너무 안 맞아서요, 저랑. 주변에 시 쓰는 사람도, 읽는 사람도 없고. 말씀하셨잖아요, 요즘에 시 읽는 사람 어차피 없다고. 그래서 눈치 안 보고 자유롭게 쓰신다고요.

—아니, 그게, 그래서 쓰지 말자는 게 아니라서……

—네네, 당연히 아는데, 죄송해요. 정말 적성에 안 맞아요. 다른 시 수업 나가느냐 물어보셔서 실은 못 알아들었어요, 바로.

—아, 네네, 적성이 중요하니까요, 사람이. 맞아야 하는 거죠, 다.

—선생님은 코로나 잘 피해가고 계시죠?

—그럼요, 그럼요. 제가 다 완전히, 건강하죠. 그러면 출석부에 다음 수업은 못 오시는 걸로 체크해두어야겠네요?

무언가를 체크할 출석부 같은 것도 없는데. 몇 마디 인사를 더 나누자 통화는 끝이 났다. 고덕동 수업은 앞으로 한 번이 남았다. 수업을 준비하는 동안 방금 전화를 끊은 우선미씨의 마지막 말이 계속 맴돌았다. 김상현 선생님, 시집 나오면 꼭 사서 읽을게요! 김상현은 누굴까. 그에게도 나에게도, 별 상관은 없지만 말이다.

그냥 못 넘겼어요

초판 1쇄 인쇄 2026년 1월 15일
초판 1쇄 발행 2026년 2월 1일

지은이 김상혁
펴낸이 김민정
책임편집 유성원
편집 정가현 민윤지 정수범
표지디자인 한혜진 **본문디자인** 엄자영
저작권 박지영 형소진 주은수 오서영 조경은
마케팅 정민호 박치우 한민아 이민경 박진희 황승현 김경언
브랜딩 함유지 박민재 이송이 박다솔 조다현 김하연 이준희
제작 강신은 김동욱 이순호
제작처 천광인쇄사(인쇄) 신안문화사(제본)

펴낸곳 (주)난다
출판등록 2016년 8월 25일 제406-2016-000108호
주소 10881 경기도 파주시 회동길 210
저작권 및 독자문의 copyright_nanda@munhak.com
작가섭외 및 행사문의 innanda@munhak.com
페이스북 @nandaisart **인스타그램** @nandaisart **엑스** @wingedpoems
문의전화 031-955-8865(편집) 031-955-2689(마케팅) 031-955-8855(팩스)

ISBN 979-11-24065-31-0 03810

○난다는 (주)문학동네의 계열사입니다.
○잘못된 책은 구입하신 서점에서 교환해드립니다.
기타 교환 문의: 031-955-2661, 3580